La Transformation du Salariat et du Capitalisme

PAR

F. CZULOWSKI

PRÉFACE

DE M. EDGARD LAROCHE-JOUBERT

Ancien Député

JOUVE & Cie, ÉDITEURS

15 — Rue Racine — 15

PARIS

La Transformation du Salariat et du Capitalisme

PAR

F. CZULOWSKI

PRÉFACE

DE M. EDGARD LAROCHE-JOUBERT

Ancien Député

JOUVE & Cⁱᴱ, ÉDITEURS

15 — Rue Racine — 15

PARIS

Paris, le 22 mars 1910

Cher Monsieur,

Vous venez d'écrire un livre qui marquera dans la lutte ardente entre le capital et le travail ; le monde est plein du bruit formidable de cette lutte qui soulève tant de questions passionnantes ; vous traitez dans votre livre, de façon magistrale, la question de « la transformation du salariat et du capitalisme », et vous appuyez vos théories de documents de la plus haute valeur.

Ceux qui liront ce livre seront frappés tout d'abord de l'exposé historique qui le précède ; ils trouveront à toutes ses pages la marque d'une conviction et d'une sincérité bien rares à notre époque.

Sorti, comme Biétry, des rangs des salariés, vous avez su, comme lui, vous affranchir des préjugés qui obscurcissent trop souvent le jugement des travailleurs sur l'état social actuel, sur ses origines et sur les moyens de l'améliorer.

Vous leur indiquez ces moyens ; vous tracez

en même temps aux patrons leurs devoirs envers leurs ouvriers, que le souci trop exclusif de la direction de leurs affaires leur fait perdre si souvent de vue.

Aux uns et aux autres, vous montrez quel bien résultera pour le capital comme pour le travail, d'une association sincère loyalement pratiquée de part et d'autre :

l'ouvrier, intéressé d'abord par la participation aux bénéfices à faire fructifier le capital de son patron;

le patron, admettant ses ouvriers à la possession de plus en plus large de parts individuelles de ce capital, de telle sorte qu'ils deviennent les collaborateurs intéressés, les véritables associés du patron, partageant avec lui les chances bonnes et mauvaises d'abord, la direction plus tard; l'harmonie régnant enfin entre eux et rendant les conflits qui les divisent trop souvent, de moins en moins justifiés;

le syndicat, ramené à son but professionnel, devenant responsable de ses actes grâce à la conquête de la personnalité civile et du droit de posséder; cette responsabilité le rendant tout naturellement plus réservé dans l'emploi des moyens violents; chacun de ses membres, émancipé par la possession d'une propriété individuelle à laquelle il aura pu accéder, apportant dans les délibérations du syndicat un esprit plus pondéré, plus respectueux de la liberté des travailleurs non syndiqués.

Vous marquez ainsi les progrès réalisables de suite, l'apaisement devant en résulter, la possibilité dans l'avenir d'améliorations encore plus grandes dans l'état social de l'Humanité.

Les esprits étant ainsi instruits et assagis par l'application de vos théories fécondes, la discussion et la recherche des améliorations nouvelles seront plus savantes et plus calmes, et la paix sociale s'affirmera de plus en plus pour le plus grand bien moral et matériel du plus grand nombre.

Aux théories du collectivisme qui ramènerait tous les hommes à l'esclavage antique, qui tuerait parmi eux tout esprit d'initiative, vous opposez celles de l'union et de l'harmonie entre les divers éléments qui participent à la création des richesses.

Vous établissez d'une façon fort heureuse la différence qui existe entre le «Capital de production» et le «Capital de spéculation», qu'il importe de ne pas confondre comme le font volontairement les adversaires de l'ordre social, dans le but d'entraîner le prolétariat à l'assaut de la richesse acquise.

Votre livre ne peut manquer d'être bien ac-

cueilli par tous ceux, patrons et ouvriers, qui se
préoccupent de ces redoutables problèmes, ils y
trouveront des enseignements précieux pour
remplir leur devoir dans les luttes dont dépen-
dent la Paix, l'Harmonie et la Prospérité univer-
selles.

Je vous remercie de m'avoir permis de m'associer, dans cette préface, à votre œuvre saine
et forte, et je me félicite d'être un de ceux qui
ont entrevu avec vous, et essayé de faire préva-
loir, par l'exemple, les théories jaunes qui nous
sont communes.

Edgard LAROCHE-JOUBERT

Ancien député,
Président du Conseil de Gérance de la Papeterie
coopérative d'Angoulême.

La Transformation du Salariat

ET DU

Capitalisme

INTRODUCTION

LE PROLÉTARIAT APRÈS LA RÉVOLUTION FRANÇAISE

Le désarroi profond dans lequel la Révolution de 1789 a plongé notre pays, l'impossibilité où il s'est trouvé de s'organiser socialement, pendant plus d'un siècle, parce que les législateurs révolutionnaires n'avaient pas prévu cette nécessité et avaient même pris leurs dispositions pour empêcher cette organisation, ont singulièrement préparé la voie au socialisme.

Le développement du machinisme et la concentration des capitaux ont pesé lourdement durant tout le XIXe siècle sur le monde du travail. Certains diront que la France a pu ainsi se relever au lendemain de la Révolution et asseoir définitivement sa richesse. Mais nous devons constater qu'on a trop oublié pendant ce temps la grande masse des travailleurs, qui collaboraient eux aussi, cependant, à l'établissement de ces richesses, mais qui ne participaient à leur répartition que dans une trop faible part.

Avec l'application de la vapeur à l'industrie, aux chemins de fer, on vit se multiplier les usines, s'ouvrir les mines et les carrières, les capitaux se réunir pour des entreprises chaque jour plus considérables, et c'est alors que commença la lutte entre le capital et le travail. Lutte d'autant plus âpre et plus difficile pour les travailleurs que la loi les avait oubliés et même qu'elle leur interdisait le droit de se réunir pour la défense de leurs intérêts professionnels (1).

1. *Loi Le Chapelier,* (14 juin 1791).
Article premier. — L'anéantissement de toutes espèces de corporations de même état et profession étant l'une des bases de la Constitution, il est défendu de les rétablir, sous quelque prétexte que ce soit.
Art. 2. — Les citoyens de même état et de profession, les ouvriers et les compagnons d'un art quelconque ne pourront, lorsqu'ils se trouveront ensemble, se nommer de président, de secrétaire ou syndic, tenir des registres, prendre des arrêtés, former des règlements sur *leurs prétendus intérêts communs.*
Art. 3. — Il est interdit à tous corps administratifs ou municipaux de recevoir aucune adresse ou pétition sous la dénomination d'un état ou profession, d'y faire aucune réponse, et il leur est enjoint de déclarer nulles les délibé-

.Pendant que de tous côtés la France se reconstituait, le travailleur, seul, ne pouvait changer sa condition et, quand il tentait de le faire, il trouvait en face de lui la société armée, le capital et le patronat intransigeants, réfugiés derrière une législation impitoyable.

Cet état de choses donna tout de suite aux tentatives d'organisation ouvrière une allure révolutionnaire, puisque les travailleurs ne pouvaient s'organiser qu'en se mettant hors la loi. Le droit de coalition qui fut accordé par l'empire en 1864, n modifia pas beaucoup la situation et la plus grande confusion régna jusqu'en 1884 dans les milieux ouvriérs.

Les conditions du travail moderne devaient amener le législateur à rechercher une forme nouvelle de l'organisation professionnelle. La corporation du moyen âge avait un caractère familial. L'artisan d'autrefois était stable. La profession et la tradition se transmettaient de père en fils. Aujourd'hui, la concentration de masses ouvrières considérables autour des usines a fait du travailleur un déraciné, une partie de la population ouvrière se déplace au gré des besoins de l'industrie mal organisée, du nord au sud et de l'est à l'ouest et l'on ne

rations qui pourraient être prises de cette manière, et de veiller soigneusement à ce qu'il ne leur soit donné aucune suite ni exécution.

peut en vouloir à ces travailleurs s'ils se sont aigris de cette impuissance à fixer quelque part, auprès de leur atelier, le foyer que tout homme aspire à posséder avec la famille.

La loi sur les syndicats. — Cependant, en 1884, on essaya de donner une forme à l'organisation professionnelle. Malheureusement la constitution du syndicat n'est pas née, comme la corporation, des coutumes ouvrières. La loi du 21 mars 1884 est le produit d'une assemblée de parlementaires, guidés dans leur travail par les préoccupations politiques et soucieux avant tout de conserver dans le pays une suprématie absolue sur les organisations économiques.

Après 1884, les travailleurs eurent le droit de se réunir dans un local qui pouvait leur appartenir, pour discuter de leurs intérêts professionnels. Et c'est tout.

La puissance des corporations au xvie siècle avait inquiété la monarchie. L'Etat moderne, plus oppressif encore, ne voulait pas donner aux travailleurs un instrument qui eût pu devenir pour lui un danger. Le syndicat ne pouvait être qu'une organisation caduque, puisque le législateur avait pris soin de restreindre ses capacités et que la principale, la propriété, lui était interdite (1).

1. Circulaire ministérielle du 25 août 1884.
« La personnalité civile accordée aux syndicats n'est pas complète...

Les ouvriers purent donc se réunir sans être inquiétés et bientôt de tous côtés des syndicats s'organisèrent, à la fois dans le monde industriel et dans le monde agricole, chez les ouvriers et chez les patrons. Les syndicats patronaux, assez rapidement devinrent des intermédiaires entre les professions qu'ils représentaient et les pouvoirs publics. Les syndicats agricoles dirigèrent leurs efforts vers des résultats plus pratiques et devinrent des magasins de gros où leurs adhérents trouvaient les denrées, engrais et instruments nécessaires à leur culture. Seuls, les syndicats ouvriers pataugèrent. Personne au début ne s'intéressa à leur sort. Tous les partis politiques paraissaient hostiles aux syndicats. Les socialistes eux-mêmes craignaient que l'organisation professionnelle ne devînt un obstacle à leur propagande politique, que le syndicat ne fût le prélude de la reconstitution d'une sorte de corporation qui eût gêné considérablement la diffusion des idées socialistes dans la classe ouvrière.

Le socialisme et le syndicalisme. — Mais vers 1890, les socialistes comprirent tout le parti qu'il y

« Le patrimoine des syndicats se compose du produit des cotisations et des amendes, des meubles et valeurs mobilières et d'immeubles. A l'égard des immeubles, la loi leur permet d'acquérir seulement ceux qui sont nécessaires à leurs réunions, à leurs bibliothèques et à des cours d'instruction professionnelle. Ces immeubles ne doivent pas être détournés de leur destination. Les syndicats contreviendraient à la loi s'ils essayaient d'en tirer un profit pécuniaire direct ou indirect par location ou autrement ».

avait à tirer d'une organisation ouvrière, manquant de but précis et de programme défini, énervée par l'impuissance dans laquelle elle se débattait, ses efforts ne trouvant pas d'écho dans le pays. Avocats et médecins socialistes pénétrèrent dans les syndicats et tout de suite ils furent accueillis avec enthousiasme par des masses auxquelles ils semblaient offrir des conquêtes rapides et la délivrance de chaînes d'autant plus lourdes que la lutte économique devenait chaque jour plus âpre.

La formule était simple : le travailleur souffre parce qu'il ne possède pas de capital et qu'il est à la merci de ceux qui le détiennent. Pour émanciper la classe ouvrière, il faut déposséder les capitalistes et socialiser, mettre en commun, les moyens de production. Or, qui est-ce qui détient le capital ? ce sont les patrons. Il faut donc supprimer le patronat.

C'était simple et rapide, et, pour aboutir dans cette voie, il était nécessaire que la classe ouvrière devînt maîtresse du pouvoir par ses élus, ou des instruments de travail par la violence. L'agitation socialiste et révolutionnaire fut la conséquence de ces idées.

La Confédération générale du Travail. — Comme, au début, aucun autre parti politique n'essaya de contrarier auprès des travailleurs l'influence du socialisme, ceux-ci crurent avec ardeur l'évangile nouveau qu'on leur enseignait et ils se lancèrent aveuglément dans une lutte où ils ne devaient trouver le plus souvent que déboires et ruines. Pendant dix ans, de 1890 à 1900, les syndicats ouvriers français furent livrés aux meneurs socialistes qu'aucun obstacle n'effrayait et pendant cette période, à côté des groupements politiques, s'organisa *la Confédération générale du Travail*, sorte d'union de syndicats dont le but avoué était « la suppression du patronat et du salariat », mais qui, à l'occasion de l'affaire Dreyfus, afficha nettement son caractère politique, révolutionnaire et internationaliste.

Quelques syndicats existaient bien en dehors de la Confédération générale du Travail, ou des organisations adhérentes aux Bourses du Travail socialistes, mais elles n'avaient aucune action efficace sur la masse.

La participation de la C. G. T. à « l'affaire » lui valut des concours financiers qui lui permirent d'entreprendre dans tout le pays une campagne de grèves longues et violentes que les conditions économiques ne justifiaient pas toujours. Depuis 1898 cette agitation est allée grandissart pour atteindre son maximum d'intensité au moment du 1er mai 1906. Tout l'effort de la C. G. T., pendant quelques années, fut de concentrer les aspirations de ses adhérents vers la journée de huit heures ou des trois huit qui devait être conquise par tous les moyens en 1906. Elle échoua piteusement dans sa tentative pour des raisons diverses.

D'abord elle n'était pas parvenue à enrôler dans ses syndicats un assez grand nombre d'ouvriers (1); la masse était restée indifférente. En outre, depuis quatre ans, les excès commis par les socialistes avaient provoqué l'éclosion d'un nouveau mouvement syndicaliste qui rapidement prit un certain développement et engagea la lutte sur le terrain économique contre les organisations révolutionnaires.

Le mouvement jaune. — Le mouvement jaune a déjà son histoire quoiqu'il ait à peine quelques années. La vigueur de son essor, l'accueil chaleureux fait à ses principes dans le monde ouvrier et la haine qu'ils ont soulevée par ailleurs, ont été pour lui une consécration magnifique. Les idées si simples de son programme ont pénétré partout aujourd'hui et tous ceux qui ont à se plaindre du socialisme y viennent puiser les plus vigoureux de leurs arguments contre la doctrine de Karl Marx.

Pierre Biétry. — Si les idées jaunes ont acquis aussi rapidement une réelle influence dans les milieux sociaux, c'est qu'elles venaient bien à leur heure et qu'en outre elles furent lancées dans le pays par un homme que des dons naturels et son origine disposaient admirablement à cet effort. Les excès de

1. L'effectif de la C. G. T. qui était à cette époque de 600.000 adhérents est tombé en 1909 à 233.000.

la lutte, engagée par les syndicats socialistes contre
le capital ou le patronat ont pu provoquer dans certains cas des résistances ouvrières et la formation
d'organisations antirévolutionnaires (1). Mais il n'y
avait guère dans ces tentatives de certains ouvriers
pour se libérer de la tyrannie socialiste qu'un
moment, passager, hélas ! de colère, qu'un besoin de
liberté mal défini et qui n'avait pas de lendemain.
Aucun lien moral, aucune idée précise ne réunis-
saient ces hommes qu'un instinct naturel de conservation sociale qui disparaissait avec le danger.

Pierre Biétry avait été jeté de très bonne heure
dans la bataille sociale. Il connut dans tout ce
qu'elle a de plus âpre la vie de l'apprenti, abandonné sans direction à la merci des hasards de
l'embauchage, et quand il fut devenu un ouvrier,
quand il sut lire, aucune autre nourriture intellec-
tuelle ne lui fut offerte que les journaux et les
harangues des meneurs socialistes. Son âme fière,
indépendante, sa volonté tenace devaient le pousser
ardemment et généreusement dans la voie révolutionnaire. Il voyait chaque jour autour de lui des
milliers de travailleurs misérables auxquels leur
effort, ni leur peine ne promettaient pour l'avenir aucune consolation. Et en face, un patronat indifférent. Il était jeune et confiant ; il résolut de libérer
ses frères de travail.

1. Grève de Montceau-les-Mines, août 1900.

1.

Il provoqua les grèves de 1899 dans le Doubs et se mit à la tête de 10.000 travailleurs qu'il eut l'idée fantastique de vouloir conduire sur Paris pour obtenir satisfaction des pouvoirs publics. Biétry n'entendait encore rien à la politique. Il espérait beaucoup de la présence au gouvernement d'un ministre socialiste. Mais un gouvernement ne s'est jamais soucié de laisser agir à leur guise dix mille révoltés. Pour arrêter l'exode on emprisonna le chef de cette armée de grévistes qui, démoralisés, reprirent le chemin de leurs foyers.

Cet épisode (1), qui aurait pu finir tragiquement, fut le point de départ d'une évolution qui devait amener le fondateur du mouvement jaune à proclamer, deux ans plus tard, au Congrès socialiste d'Ivry, en 1901, l'impossibilité de la grève générale et à dénoncer comme funestes à la classe ouvrière ceux qui se faisaient les propagandistes de cette utopie. Il fut exclu du parti socialiste.

Dès ce moment un travail continu se fit dans sa pensée. Il avait déjà condamné les moyens du socialisme ; il devait bientôt condamner la doctrine elle-même.

Le Jaune. — Aidé de quelques travailleurs, Biétry tenta l'organisation d'un mouvement anti-socialiste. Il lança tour à tour l'*Indépendant*, puis le

1. Voir *Histoire des Syndicats jaunes*, par Robert Warin, (chez Jouve).

Travail libre qui n'eut que neuf exemplaires. La vie était difficile. Les ressources faisaient défaut. Pendant quelques mois, les Jaunes n'eurent ni siège social, ni organe à leur disposition. Enfin, le 1er janvier 1904, parut le *Jaune*. Biétry avait trouvé quelques amis dévoués qui l'aidaient, dans leurs milieux divers, à propager ses idées d'organisation du monde du travail en syndicats indépendants purement professionnels. Le deuxième numéro du *Jaune* ne parut que fin janvier, mais dès ce moment il ne devait plus y avoir d'interruption dans son existence.

Je ne dirai pas ici les difficultés qui se dressaient devant Biétry et ses collaborateurs. Les amis des Jaunes étaient peu nombreux. La presse faisait un mauvais accueil à ce groupe d'ouvriers qui parlaient de rétablir l'ordre social. Les Jaunes étaient « des empêcheurs de danser en rond ». On organisait contre eux la conspiration du silence. Le patronat indifférent, pour ne pas dire hostile, ne s'intéressait aux Jaunes que s'il croyait trouver chez eux des « briseurs de grèves » ou les moyens de se débarrasser d'agitateurs révolutionnaires gênants.

Le monde politique était plus empressé auprès d'eux et des tentatives furent faites de divers côtés pour essayer de canaliser au profit de tel ou tel parti les efforts des Jaunes. Sur ce point particulier, les Jaunes restèrent intraitables. Un mouvement professionnel ne peut acquérir de force dans notre pays, où les appétits politiques sont multipliés à l'infini, que s'il se tient à l'écart des luttes des partis et si le programme qui lui est propre le met au-dessus de ces partis. C'est ce que les Jaunes avaient voulu et avaient fait.

Le Ier Congrès des Jaunes. — Le Congrès de novembre 1904 qui se tint à Paris à la Salle des Agriculteurs, rue d'Athènes, fut décisif.

On peut dire que ce fut le point de départ d'un essor nouveau pour le mouvement jaune puisque la principale décision prise par le Congrès fut de condamner définitivement le socialisme et non seulement la doctrine, mais le mot, voulant ainsi marquer qu'il n'y avait en réalité qu'un socialisme, celui qui est synonyme de collectivisme, celui qui demande aux hommes de renoncer à la conquête de la propriété individuelle et qui rétablirait, avec des procédés modernes, les régimes d'esclavage qui ont déshonoré l'antiquité. Les Jaunes étaient désormais anti-socialistes : ce qui leur valut quelques adversaires de plus.

Voici le texte de l'ordre du jour qui fut adopté à ce sujet :

« Le Congrès répudie tous les principes socialistes quels qu'ils soient, collectiviste, communiste, révolutionnaire, municipal ou autre, et ce, parce qu'ils ont pour effet de limiter et même de supprimer la liberté des hommes, en rendant impossible la conquête de la propriété individuelle. Le Congrès décide de porter son action de propagande vers la réalisation de la *participation des travailleurs à la propriété* (1). »

Ainsi était posé le principe conquérant des syndicats jaunes : l'accession au capital ou à la propriété. En face des socialistes qui niaient les bienfaits de la propriété individuelle, les Jaunes s'organisaient pour la défendre et la conquérir et ils fixaient en dix articles leur programme économique et social :

1º Revendication ferme et continue des améliorations qui sont indispensables au développement physique, intellectuel et moral de la classe ouvrière ;

2º Accession de la main-d'œuvre au capital, et à la propriété ;

3₀ Opposition à toutes les grèves n'ayant pas un caractère exclusivement professionnel et dont la nécessité n'est pas démontrée par l'intransigeance patronale ;

4º Réglementation du travail par corporations, régions et métiers, d'un commun accord entre syndicats patronaux et syndicats ouvriers ;

5º Lutte contre le collectivisme municipal et d'Etat qui, en fonctionnarisant les travailleurs, les met

---

1. L'histoire de cette période de 1899 à 1905 est décrite par M. Warin, dans le livre *Les Syndicats Jaunes* (1899-1908), 1 vol. chez Jouve. Paris.

dans la main d'un maître anonyme irresponsable et plus dur que le patron ;

6° Développement dans la classe ouvrière des grands moyens sociaux de relèvement et d'indépendance, et garanties pour la vieillesse des travailleurs : Mutualité, Assistance et Retraites ouvrières ;

7° Encouragement à toutes les initiatives privées dirigées vers des œuvres de bienfaisance ;

8° Education civique et professionnelle de tous les travailleurs, en vue de tous les droits, de tous les besoins et de toutes les libertés nécessaires à un grand peuple ;

9° Liberté d'association, liberté d'enseignement, liberté absolue de conscience ;

10° Droit de propriété sans restriction pour les syndicats et unions de syndicats.

Nous allons examiner dans les chapitres suivants les raisons de ce programme et les moyens de le réaliser.

PREMIÈRE PARTIE

DE LA PROPRIÉTÉ

Son caractère social. — Son caractère individuel. — Ses revenus. — Leur répartition

Quand on examine l'histoire et l'évolution des divers peuples du monde, on est frappé par ce fait que toutes les sociétés, à mesure qu'elles se civilisaient, ont évolué du communisme au développement de la propriété individuelle, et l'on peut dire que cette évolution s'est faite parallèlement à la création de richesses de toutes sortes et du capital. L'affranchissement des esclaves créa des hommes libres parce qu'il leur était possible désormais de conquérir de la propriété ; les serfs du moyen âge se sont révoltés pour conquérir la terre qu'ils travaillaient pour le compte du seigneur, et tout récemment le paysan russe a conquis définitivement son indépendance par la suppression du MIR, ou du régime communiste, auquel il était encore soumis.

Le développement de la propriété individuelle. — Historiquement, il apparaît donc que le progrès social est parallèle au développement de la propriété individuelle. La révolution de 1789 a permis un morcellement considérable de la propriété rurale. Mais l'incident du machinisme, au siècle dernier, a rompu la marche parallèle du développement des richesses et de leur répartition ou, si vous préférez, accentué le déséquilibre qui existait entre le nombre des propriétaires et ceux qui ne possédaient pas. Cependant on constate que dans le courant du XIX* siècle, en France, le nombre des propriétaires est allé en augmentant. En 1789 il y avait quatre millions de propriétaires ; en 1825, six millions et demi ; en 1850, sept millions et demi, et en 1875, huit millions. Mais ce morcellement de la propriété n'est pas en rapport avec l'accroissement de la richesse du pays pendant la même période. La multiplication des capitaux et de la richesse industrielle sont allés plus vite que le morcellement de la propriété et du capital. C'est ce qui a permis aux socialistes de conclure que les sociétés modernes évoluaient plutôt vers la concentration des richesses en un petit nombre de privilégiés, que par conséquent la majorité des travailleurs allait se trouver sous peu soumise à l'exploitation d'une minorité capitaliste et que le seul moyen de barrer la route à ce danger c'était de supprimer le capital, en socia-

lisant les moyens de production, et de concentrer
toute autorité et toutes les richesses du pays entre
les mains de l'Etat.

« Le socialisme, a dit Jean Lorris, en effet, est
AVANT TOUT SCIENTIFIQUE. *Il suit les phases de l'évolution et ne les précède pas.*

« Il constate que la propriété *individuelle* dispa-
raît de plus en plus au profit de la propriété *capitaliste* et il est dit que, à cette propriété capitaliste,
doit succéder la propriété *sociale*, rendant à la collectivité des travailleurs tous les instruments collectifs de travail. »

L'erreur des socialistes vient de ce qu'ils ne font
aucune distinction entre cette propriété que constitue le capital qui travaille et celle que constitue le
capital de spéculation. Ce dernier se constitue plus
rapidement que ne s'opère le développement de la
propriété individuelle, le morcellement du capital
de production, mais il ne faut pas conclure, pour
cela, à la nécessité, pour supprimer le danger que
présente le capital de spéculation, de supprimer
aussi la propriété individuelle. La propriété *sociale*
ne rendrait rien aux individus ; elle leur enlèverait
au contraire le peu de propriété individuelle ou le
capital qu'ils auraient pu acquérir par leur travail.
Pour bien montrer d'ailleurs que ce n'est pas le capital producteur, industriel, qui menace d'accaparer
la propriété individuelle, il suffit de s'en rapporter

aux statistiques publiées sur la situation des établissements agricoles, industriels ou commerciaux en France. Elle démontre vigoureusement qu'il n'y a ni accaparement, ni concentration.

En France, il y a 4.865.700 chefs d'établissements patrons, qui ont en tout, 9.155.000 ouvriers et employés.

De sorte qu'il y a moins de deux ouvriers et employés pour un chef d'établissement. Bref, il y a 65 o/o d'ouvriers et 35 o/o de chefs d'établissements.

Ce recensement est le plus récent.

Mais, dira-t-on, y a-t-il eu en France, comme dans les autres pays, concentration industrielle ? Peut-on comparer avec une période antérieure ?

Oui, le nombre des chefs d'établissements a augmenté aussi bien dans l'agriculture que dans l'industrie.

	Chefs d'Etablissements	
	1901	1896
Agriculture....	3.469.200	3.086.200
Industrie.......	813.110	715.000
Commerce	538.000	444.300

Donc, dans chacune des trois grandes classes, il y a eu augmentation du nombre des chefs d'établissements. C'est un phénomène de diffusion et non de concentration.

Mais, dira-t-on encore, il y a dans ces statistiques les ateliers familiaux sans ouvriers. Eh bien, si on élimine ces ateliers unitaires et que l'on fasse un tableau qui ne contienne que les établissements occupant des ouvriers, il présente un léger recul pour le nombre des établissements agricoles naturellement, mais tous les autres sont en progrès.

	Nombre d'établissements occupant des ouvriers et employés	
	1901	1896
Agriculture....	1.240.000	1.484.000
Industrie	616.000	592.000
Commerce.....	249.000	233.000

Ce mouvement est donc le contraire d'un mouvement de concentration. Le rapport dit : 573.000 établissements occupaient 1 à 20 ouvriers ou employés en 1896. On en compte 594.000 en 1901. Le nombre des établissements de 21 à 100 ouvriers s'est élevé de 15.583 à 17.570, et celui des grands établissements occupant plus de 100 ouvriers s'est accru de 600 unités, passant de 3.668 à 4.268.

En Belgique :

	Nombre d'entreprises	
	1901	1896
Petite industrie (o à 4 ouv.).	211.700	215.400
Moyenne (5 à 49)..........	13.000	13.800
Grande (49 à 499)	1.456	2.000
Très grande (500 ouv. et plus).	184	163

	Nombre d'ouvriers	
	1901	1896
Petite industrie (o à 4 ouv.).	92.000	95.000
Moyenne (5 à 49)............	162.000	172.000
Grande (49 à 499)...........	250.000	295.000
Très grande (500 ouv. et plus)	160.000	100.000

Ces résultats, tout en confirmant notre thèse, sont un peu moins caractéristiques qu'en France.

Mais passons aux *Etats-Unis* :

De 252.148 en 1870, le nombre des établissements est passé à 355.000 en 1890, à 512.224 en 1900. En 1905, on en comptait 533.000.

Le total des salariés, ouvriers et employés, se répartit ainsi entre les divers établissements :

Etablissements n'ayant ·

Pas de salariés.........	110.510
Moins de 5..............	232.750
De 5 à 50...............	144.541
De 51 à 100.............	11.663
De 101 à 500............	11.303
De 501 à 1.000..........	1.063
Plus de 1.000...........	443

Ces chiffres détruisent le raisonnement socialiste, et d'ailleurs l'embarras des théoriciens de cette doctrine, quand il s'agit d'entrer en contact avec les propriétaires agricoles, les paysans, qui forment la

citadelle « propriétiste », le démontre nettement. A
des travailleurs qui ne possédaient rien, il a été
facile d'expliquer qu'ils étaient victimes de la propriété des autres ; mais aux paysans qui, par ata-
visme, ont appris à aimer, à travailler et à agrandir
leur lopin de terre, il sera difficile de leur démontrer
que l'abandon de leur propriété entre les mains de
l'Etat sera pour eux tout bénéfice.

L'instinct et la nature de l'homme protestent continuellement contre cette pensée du socialisme et la
vérité sociale est dans le développement de la propriété individuelle. Seule, la propriété donne à
l'homme l'indépendance et c'est dans la volonté d'accroître cette propriété, dans l'effort que sa conservation impose à l'homme que la civilisation trouvera
le progrès parce que les sociétés modernes puiseront
dans l'accroissement constant des richesses, dû à
cette volonté et à cet effort, le moyen de distribuer
plus de justice, de rétablir l'équilibre entre ceux
qui détiennent le capital et la propriété et ceux qui
ne possèdent pas.

Qu'est-ce que la propriété ? — L'aspiration ins-
tinctive de l'homme à son indépendance, à la propriété est si vraie qu'après la Révolution ceux qui
furent chargés de rédiger notre Code civil parais-
sent avoir pressenti les dangers qui menaceraient
un jour la propriété et ils ont voulu l'en garantir
par un texte absolu et qui porte bien la marque in-

dividualiste du xix° siècle. « *La propriété est le droit de jouir et de disposer des choses de la manière la plus absolue, pourvu qu'on n'en fasse pas un usage prohibé par les lois ou par les règlements.* » C'est ainsi qu'est conçu l'article 544 du Code civil. Mais la pensée qui a guidé le législateur dans la rédaction de cette définition s'inspirait trop des idées révolutionnaires. Les rédacteurs du Code civil étaient des bourgeois, préoccupés surtou. le mettre à l'abri des secousses économiques les conquêtes qu'ils avaient faites grâce à la révolution. Ils n'avaient pas songé au caractère social, à la valeur sociale de la propriété qui apporte une restriction à sa jouissance et à sa disposition absolue par celui qui la détient. Certes, il est bien dit que cette disposition de la propriété sera limitée par des lois et règlements, pensée étatiste déjà. Mais la loi n'est qu'une conséquence des mœurs et des habitudes ; la loi ne prévoit pas ; elle est une résultante, et le droit absolu de jouir et de disposer de la propriété peut être un danger pour la société si la loi n'a pas été prévoyante. Quand des hommes se sont réunis pour vivre en société, ils n'ont pu songer au début à régler par écrit les conditions de leur état social. Il s'est établi peu à peu des coutumes, suivant les tempéraments des individus, l'influence du climat, les ressources naturelles du pays sur lequel ils vivaient et leurs besoins. Et ce n'est qu'après une longue expérience de ces coutumes établies que les hommes cherchèrent à arrêter définitivement les règles de la société qu'ils constituaient, et à faire du droit écrit.

De nos jours nous trouvons un exemple de l'imprévoyance de la loi dans la destruction des forêts et des bois qui faisaient la fortune et l'orgueil de certaines provinces. Leurs propriétaires ont impunément livré leurs domaines à la destruction sans que l'Etat, chargé d'élaborer les lois, ait pu conjurer le danger social qu'une telle exploitation présentait. Or, pour certaines régions, la conservation des forêts est une condition de vie et de prospérité. Dans un but de spéculation les propriétaires ont vendu d'un seul coup toute une forêt où la hache du bûcheron n'a rien respecté et d'immenses étendues de terrains se sont trouvés dénudés. Dans les départements viticoles du Midi, le déboisement, opéré pour augmenter la superficie du terrain à planter en vignes, a provoqué des inondations qui se renouvellent presque chaque année. Et le propriétaire agricole n'a rien gagné à augmenter la production de vin puisque la mévente est venue de l'excès de production.

Déjà, au XVIe siècle, Bernard de Palissy protestait auprès du roi Henri IV contre le déboisement qui se faisait autour de Paris. Le bois était alors la matière première la plus utilisée et le grand artiste craignait qu'elle ne vînt un jour à manquer. « Si les 'bois sont détruits, disait-il, il faut que les arts cessent, et les artisans 's'en iront paistre l'herbe, comme le fit autrefois Nabuchodonosor ».

Ainsi des régions entières qui étaient autrefois, grâce à leurs bois, à l'abri des inondations et aussi de la sécheresse, sont ruinées aujourd'hui parce que rien ne les protège plus contre ces deux fléaux. Il y a eu abus du propriétaire et impuissance de la loi ; et les socialistes ont puisé dans ces faits de nouveaux arguments en faveur de la reprise par l'Etat de toutes les richesses que la nature a mis spontanément au service et à la disposition de l'homme, telles que les sources, les étangs, les lacs, les cours d'eau, les forêts, etc., etc...

Le droit de propriété. — En vérité le droit de propriété ne peut être absolu, car la valeur de la propriété n'a pas un caractère purement individuel. Elle comporte une part sociale et une part individuelle. La valeur de la terre par exemple n'est pas due tout entière au travail de l'homme qui la cultive ; elle tient à d'autres causes « de lieux, de climat, de proximité », et aussi aux efforts des générations qui lui ont consacré leur travail. A mesure que la civilisation progresse, la valeur de la propriété augmente ; ainsi les propriétaires des terrains qui étaient situés en dehors des barrières de Paris avant 1870 ont vu la valeur de leur propriété augmenter considérablement en quelques années sans

qu'ils aient contribué par leur travail à cette plus-
value, qui était due au développement de la capitale, à l'augmentation de sa population et à la
nécessité d'utiliser ces terrains pour y édifier des
maisons d'habitation.

Il en est de même de tout objet fabriqué par
l'homme pour son usage. La part individuelle consiste dans la forme nouvelle qu'il a pu concevoir ;
mais les principes scientifiques, les moyens de fabrication qu'il a utilisés sont du domaine social et l'objet y puise une partie de sa valeur.

Si la propriété a une valeur sociale et individuelle,
les revenus de cette propriété présentent les mêmes
caractères. Une partie revient à la société qui la
récupère par les impôts. L'autre partie constitue la
part individuelle de ces revenus.

S'il en est ainsi, quand nous considérons l'organisation du travail moderne, nous sommes amenés
à penser que l'homme qui emploie d'autres hommes pour faire produire à sa propriété ou à son capital le plus de revenus possible, n'a pas le droit de
disposer entièrement et d'une façon absolue de ces
revenus, de la *plus-value* de cette propriété.

Les conventions économiques qui régissent le travail moderne ont donné à chacun des éléments de
la production leur salaire, la rémunération de leur
participation à cette production. La propriété ou le
capital qui utilise la main-d'œuvre reçoit sa rémuné-

ration sous forme d'intérêt dont le taux est fixé à l'avance. De même l'intelligence et la main-d'œuvre reçoivent leur salaire suivant des conventions ou contrats préétablis. Mais si la collaboration de ces divers éléments donne une plus-value, le capital ne doit pas être seul à recevoir cette plus-value.

Le Capital et le travail. — La plus-value. — D'après Karl Marx, la *plus-value*, c'est-à-dire le bénéfice de la production, sont le résultat du *facteur-travail*, de la main-d'œuvre ; donc le travail a droit à la totalité de cette plus-value. Mais si c'était là une vérité, il faudrait ajouter que lorsqu'il n'y aurait pas de bénéfices, il serait juste que l'ouvrier fût de même uniquement responsable. Or, quand il n'y a pas de bénéfices, l'ouvrier a toujours touché son salaire et le facteur-capital seul n'a pas été rémunéré ; il a couru seul les risques de l'entreprise. La théorie de Karl Marx est donc une absurdité. En réalité, les facteurs de la production : le capital, le travail et l'intelligence directrice contribuent dans une part, difficile à évaluer pour chacun, mais sensiblement identique aux résultats de la production, en temps normal. Il peut même arriver que les résultats soient négatifs sans que ni l'un ni l'autre des trois facteurs puisse être rendu responsable et dans ce cas c'est toujours le capital qui en supporte seul les conséquences. Il est donc juste, s'il doit y avoir participation aux bénéfices des trois facteurs, qu'ils aient chacun leur part de responsabilité. Elle est obtenue par la participation de la main-d'œuvre au capital.

De nombreuses influences contribuent à réaliser des bénéfices dans une grande entreprise industrielle. Par exemple, la matière première est aussi nécessaire aux manufactures que le travail de l'homme, et une direction déployant de la sagacité et du courage peut faire de grands bénéfices ou de grandes pertes dans l'acquisition de la matière première.

C'est le cas souvent pour les industries qui travaillent le coton, la laine ou le cuivre et, en général, toutes les matières premières soumises à la spéculation.

L'esprit d'initiative, la hardiesse des entreprises contribuent aussi à assurer le succès d'une industrie et ces qualités appartiennent à la direction. Souvent même les encouragements accordés par la direction aux initiatives des ouvriers, sous forme de primes, peuvent amener ceux-ci à rechercher des perfectionnements dans l'outillage et leurs découvertes provoquent un succès nouveau pour leur industrie.

En somme, les résultats d'une entreprise ne sont pas dus au seul effort des travailleurs et le socialisme commet une grosse erreur quand il prétend que la suppression du capital assurerait la justice puisque le travail recueillerait ainsi tous les bénéfices de la production. Mais le capital a toujours été nécessaire depuis que le monde a commencé, parce que l'ouvrier eut besoin d'un outil pour tailler la vigne, d'une faux pour moissonner. Avec les progrès de la mécanique et le développement du machinisme qui ont une influence très étendue sur l'économie de la production et le confort de la vie, le besoin de capital est allé chaque jour en augmentant.

La tendance égalitaire du socialisme a causé certainement, dans ces dernières années, un trouble profond dans l'industrie. L'ouvrier, pénétré de ce sentiment qu'il ne peut y avoir de récompense directe et permanente pour un travail actif et soigneux, perd courage; il se forge une nouvelle morale, guérissant sa conscience en pensant qu'il n'est pas plus mauvais que ses voisins, mais c'est là un' danger considérable pour les progrès de l'industrie.

Ce qui révèle le caractère déprimant et avilissant du socialime, c'est cette tendance vers l'égalité, mais une égalité dans la médiocrité. En effet, le socialisme a toujours combattu le travail aux primes et le travail aux pièces. Il a même dirigé ses efforts contre l'apprentissage, ne voulant pas que par lui certains ouvriers puissent, dans une usine, revendiquer, en raison de leurs qualités professionnelles, une rémunération supérieure à celle du voisin dont l'expérience est inférieure. Cette tendance est la négation même du progrès, car il n'y a pas de place pour l'initiative et le courage dans cet état d'égalité qui est la base du socialisme.

Or il y a dans le progrès une loi naturelle contre laquelle la puissance humaine ne peut s'insurger.

« Nous y travaillons parce qu'il est dans notre ordre d'y travailler, le seul moyen d'empirer notre condition étant de cesser le travail. Mais je ne crois pas à la grève du génie humain. Il faudrait que la réflexion et le mécontentement fissent grève du même coup, double catastrophe impossible tant que durera notre espèce (1). »

En vérité, le droit de propriété, la possession du capital ne confèrent pas au capitaliste le droit absolu de disposer de la plus-value, en vertu de ce principe que l'homme étant impuissant à créer, seul, entièrement, une valeur nouvelle, un capital nouveau, tous ceux qui contribuent à cette création doivent recevoir leur part de la plus-value.

Or il est évident que *la propriété industrielle* ne tire pas sa valeur du fait seul du capitaliste. Le concours indispensable de la main-d'œuvre ne doit pas être traité comme une marchandise. Si le fait d'embaucher un ouvrier constitue, pour le patron, un contrat de louage au point de vue civil, au point de vue social il est plus que cela. L'ouvrier qui loue son travail n'apporte pas que la force de

1. *L'industrie* par Charles Maurras. (*Action Française* du 7 août 1909.)

2.

ses bras ; son expérience professionnelle représente une valeur morale et matérielle difficile à apprécier, constituée par l'héritage profesionnel qu'il a reçu de sa famille ou de ceux qui l'ont instruit dans son métier et par les efforts et les découvertes de tous ceux qui, avant lui, ont exercé cette profession.

Cette valeur de l'effort est variable avec chaque individu. Elle ne peut être appréciée comme une marchandise, ni comprise dans le contrat de louage. Le travail aux pièces est celui qui rémunère le mieux et le plus justement cette part personnelle de l'effort, mais l'organisation moderne du travail qui fait de l'ouvrier, en quelque sorte, le servant de la machine, crée entre les travailleurs d'une même usine une solidarité dans l'effort dont la valeur n'est pas appréciée dans le salaire et qui ne peut trouver sa rémunération que dans la *participation à la plus-value ou aux bénéfices.*

La participation aux bénéfices. — On pourrait donc justifier la participation aux bénéfices si on réduisait la question au cadre étroit de l'usine. Mais elle déborde ces limites fragiles. Il faut considérer le patronat et le travailleur dans leurs rapports avec la société dans la nation.

Le travailleur moderne n'est pas qu'un salarié. Il participe à l'administration de la commune ou de l'Etat en tant que citoyen, muni de pouvoirs électifs, et dans sa situation actuelle de dépossédé, il est amené souvent à obéir, dans ses actes civiques, à la passion plutôt qu'à la raison, à méconnaître ses propres intérêts et ceux de la société ou de son pays parce que le salariat a créé deux classes, les possédants et les dépossédés, et que par ce fait il y aura conflit perpétuel entre les uns et les autres si la société ne rétablit pas l'équilibre, si la civilisation, en progressant, n'apporte pas plus de justice dans la répartition des richesses et de la propriété. Il est donc dans l'intérêt de la société et de la nation de chercher une solution à ce problème.

Le régime du salariat crée un excès d'inégalité qui nuit à l'équilibre nécessaire entre les divers éléments d'une nation. Comment rétablir cette équilibre ?

Le socialisme au XIXe siècle a essayé de résoudre le problème. En réalité, c'est une doctrine qui a la sotte prétention d'être une nouveauté, mais qui est au contraire une forme antique et barbare d'organisation. Les socialistes-collectivistes voudraient que l'Etat possesseur de tout dans la nation fût chargé de répartir à la collectivité les produits communs. Rien ne serait à personne, même pas la part des produits distribuée par l'Etat, puisqu'elle serait versée sous forme de bons ou d'objets de consommation dont la libre disposition serait interdite à l'homme, la propriété individuelle étant méconnue.

Proud'hon a dit avec raison que ce serait « le dégoût du travail, l'ennui de la vie, la suppression de la pensée, la mort du moi ». Le dégoût du travail ! parce qu'il manquerait à l'homme pour le pousser à l'effort l'émulation que crée la libre disposition de la rémunération de cet effort. L'ennui de la vie ! parce que l'homme n'entreverrait aucun espoir de changer un jour sa triste situation de travailleur dans la collectivité. Or, instinctivement, au mépris de sa vie, il essaiera de conquérir sur ses voisins, seul ou d'accord avec d'autres hommes, une liberté que lui aura ravi l'Etat communiste. Si le communisme avait auparavant supprimé les guerres internationales, il déchaînerait certainement des guerres civiles, plus meurtrières, parce qu'il est dans l'instinct de l'homme de lutter pour secouer toute tyrannie et d'imposer au besoin la sienne au vaincu pour rendre son retour impossible. Et ce serait un conflit sans issue.

Dans ce régime tout serait prévu dans la loi au point de vue de la production, l'Etat serait une vaste association coopérative dont les membres seraient les salariés, l'Etat serait le patron unique et l'unique producteur. Point de propriété individuelle par conséquent. C'est le régime égalitaire dans toute son horreur, mais l'égalité sans la liberté. Or c'est une loi inhumaine que d'obliger un homme à s'associer avec d'autres hommes, sans tenir compte de sa volonté, de ses désirs, de ses penchants. Dans une telle société le progrès scientifique serait impossible, puisque l'homme serait astreint à une besogne matérielle qui ne nécessiterait de sa part aucun effort de l'intelligence et que la société fonctionnerait suivant des règles immuables. Ce caractère absolu du socialisme le condamne à l'impuissance, parce qu'il est impossible aux hommes de notre époque de prévoir ce qui sera nécessaire à la vie de la société dans deux, trois ou quatre siècles.

L'homme de par sa nature ne fait rien qui soit définitif. Une société qui n'évolue pas, qui ne change pas ne peut durer et si l'homme, sous le régime socialiste, ne retire aucun résultat de l'effort qu'il accomplit chaque jour, en vertu de quelle loi l'Etat l'obligera-t-il à accomplir son effort ou ce travail? Il faudrait supposer que l'homme à ce moment serait assez parfait pour obéir à une sorte de loi morale, condition *sine qua non* de son existence, qui l'obligerait, parce qu'il vit, à produire cet effort. La loi, ni l'Etat n'obtiendront jamais ce résultat sans contrainte et sans violence; et alors le système s'écroule.

Au lendemain de 1789, l'internationalisme et le communisme avaient déjà leurs théoriciens et l'un de ceux qui s'étaient fait les champions de ces idées s'écriait : « On ne connaîtra ni sujets, ni alliés, ni provinces, ni colonies, ni blancs, ni noirs. La Nature est une, la Société est une. Les hommes seront ce qu'ils doivent être, quand chacun dira : *le monde est ma patrie, le monde est à moi*. Le genre humain ne sera heureux que du jour où nous dirons : les ci-devant Français, les ci-devant Anglais, les ci-devant Africains, les ci-devant Américains. Paris sera la métropole du Monde par la paix. Paris sera le temple de la patrie universelle ». Celui qui devançait ainsi Gustave Hervé était un cosmopolite du nom de Clootz (1), né en Prusse. Il paya de ses millions et de sa tête son enthousiasme révolutionnaire. Un pur trouve toujours un plus pur...

D'autres prêchaient déjà la suppression de la propriété qu'on chargeait de tous les crimes et Laya, dans l'*Ami des Lois* (2), ne craignit pas de ridiculiser les propagandistes de pareilles absurdités. Voici ce qu'il fait dire à l'un de ses personnages :

> Sans la propriété point de voleurs ; sans elle
> Point de supplices, donc la suite est naturelle :
> Point d'avares, les biens ne pouvant s'acquérir ;
> D'intrigants, les emplois n'étant plus à courir ;
> De libertins, la femme accorte et toute bonne
> Étant à tout le monde et n'étant à personne.
> Murs, portes et verrous, nous brisons tout cela.
> On n'en a plus besoin dès que l'on en vient là.
> Tout est commun ; le vol n'est plus vol, c'est justice,
> J'abolis la vertu pour mieux tuer le vice.

1. Mort en 1794.
2. Pièce jouée pour la première fois à Paris le 2 janvier 1793.

En 1797, Babeuf, dit Gracchus, était obligé de se poignarder pour échapper à la guillotine. Les bourgeois qui faisaient la Révolution à leur profit n'avaient pas voulu entendre parler du partage des biens à la nation. S'ils achetaient avec des assignats les biens nationaux, ce n'était pas pour les repasser au peuple.

Au commencement du xix⁰ siècle, *Saint-Simon* jeta les bases d'une doctrine communiste. On classe aussi comme des précurseurs du collectivisme l'anglais *Robert Owen*, qui fut surtout l'ancêtre de la coopération, et *Fourier*. Ce dernier n'est certainement pas un communiste, car il n'a jamais nié la propriété individuelle.

Le premier théoricien communiste fut, en réalité, *Louis Blanc* qui en 1839 publia son ouvrage *L'Organisation du Travail*. Après lui *Karl Marx* et *Engels* publièrent en Allemagne, en février 1848, le Manifeste aux travailleurs qui marque le point de départ d'une propagande intensive en faveur des idées communistes en Allemagne, en Suisse et en Angleterre. La théorie de la plus-value de *Karl Marx* devint la base de la doctrine qu'il propagea en Angleterre, tandis que *Lassalle* parcourait l'Allemagne et parvenait à fonder en 1863, à Leipzig, l'*Association générale des travailleurs allemands*. Un an plus tard Karl Marx lançait à Londres l'idée de l'Association Internationale des travailleurs dont les statuts furent adoptés au Congrès de Genève en 1866. Elle prit le titre d'*Internationale ouvrière*.

Le Parti socialiste unifié représente actuellement la section française de cette internationale ouvrière. L'histoire et l'évolution du socialisme sont trop de notre temps pour que je m'y arrête un instant. Il a donné naissance à de nombreuses sectes sociales, si diverses à un moment donné, qu'on comptait presque autant de sectes que d'élus du parti : ces partisans de l'égalité universelle ne pouvaient supporter un chef, aussi voulaient-ils tous être chefs, tous colonels.

De nombreuses tentatives communistes furent faites à la fin du xviiie siècle et au cours du xixe siècle, notamment en Amérique. Les vastes champs d'exploitation qu'offrait à l'homme l'immense territoire des Etats-Unis provoqua des émigrations considérables. La fertilité et la richesse du sol, l'étendue du pays permettaient l'installation rapide de familles entières dans des régions inexplorées, et l'absence de communication, leur éloignement de tout centre habité, poussait sans doute ces émigrants à la vie en commun. Ils n'avaient pas à craindre d'attaques de peuplades voisines, et le travail du sol suffisait à leurs besoins.

Malgré des conditions exceptionnellement favorables, ces communautés n'ont pas prospéré. Elles furent nombreuses et variées dans leurs origines.

Parmi les plus célèbres notons les *Shakers*, les *Harmonistes*, dont la règle était le célibat et qui pour cette raison, ne trouvaient pas nécessaire de séparer les sexes ; les *Séparatistes de Zoar ;* les communautés de *Robert Owen*, les *Perfectionnistes* qui, partis du communisme, ont dû pour subsister évoluer vers la propriété individuelle ; les communautés de *Hopedale*, de *Brook-Farm*, les *Icarians*, la communauté d'*Amana ;* les communautés de *Bruederhof*, les *Mennonites* venus de Russie, la *Maison de David*, les *Koreshans*, les *Roycrofters*, etc., etc. Toutes ont disparu ou disparaissent peu à peu et, cruelle ironie des choses, faute de capital. C'est l'aveu de leurs organisateurs qui, après avoir épuisé l'argent recueilli pour leurs tentatives, étaient obligés de dissoudre leurs communautés parce que l'argent manquait. Tant il est vrai que le communisme est incapable de produire des richesses et que les sociétés ne peuvent vivre sans capital.

Plus récemment les syndicalistes socialistes ont adapté cette doctrine à l'organisation professionnelle en disant que le syndicat, représentant la collectivité ouvrière, deviendrait, sous le régime socialiste, le patron, le propriétaire de l'industrie et ainsi l'outil, la machine, l'usine seraient aux travailleurs. L'artifice est habile, car il consiste à masquer l'opération d'expropriation dont seraient victimes les travailleurs puisqu'ils ne posséderont rien individuellement de l'atelier ou de l'usine où ils travailleraient et que le syndicat, personne morale très vague, possédant toute une industrie, les travailleurs sous ce régime n'auraient pas de liberté, puisqu'ils seraient privés de propriété individuelle.

D'autres que les socialistes ont songé à cette propriété collective du syndicat comme devant être le terme de l'effort de conquête du travailleur. Certains monarchistes réclament la constitution, à l'aide des syndicats ouvriers et des syndicats patronaux, d'une corporation, disposant d'un droit de propriété destiné à constituer un fonds corporatif, collectif, de mainmorte.

Nous verrons plus loin comment nous comprenons le rôle de la propriété syndicale comme une étape vers la conquête de la propriété individuelle pour les travailleurs.

En résumé, communistes ou collectivistes partent de ce principe, que les prolétaires, souffrant de l'absence de propriété ou plutôt de la propriété des autres, le remède se trouvera dans la suppression de la propriété. Cette conception matérialiste, qui consisterait à faire de l'homme un instrument de travail au service de la nation ou de la société, et rien de plus, est contraire, nous l'avons démontré, à l'évolution humaine. Oui, il est vrai que la question sociale est une question de propriété. Mais si d'aucuns souffrent de n'en point posséder, le devoir des sociétés sera de favoriser aux prolétaires l'accession à la propriété sous toutes ses formes, de répartir plus justement le capital entre les hommes, de pousser leur effort vers une justice, vers un équilibre chaque jour plus près de la perfection, plutôt que de prétendre résoudre le problème en supprimant la difficulté. Et d'ailleurs, est-ce qu'une fois la propriété supprimée, l'égalité serait réelle entre les hommes. Il faut croire que demain nous aurions les mêmes besoins qu'aujourd'hui ; il est probable qu'on conserverait les progrès réalisés dans l'industrie, le commerce, les sciences et les arts, si on ne les poursuit pas. Mais alors il y aura demain, sous le régime collectiviste, des hommes qui travailleront à la mine, qui passeront une partie de leur existence au sein de la terre pour y chercher le charbon ou le minerai que d'autres hommes traiteront dans les hauts fourneaux ; il faudra toujours des vidangeurs pour le service des vidanges ou des égoutiers si l'on installe partout le tout à l'égout. A côté d'eux il y aura toujours d'autres hommes dont l'effort paraîtra moins rude, dont le travail sera moins pénible, des employés de magasin ou de bureau, des ouvriers d'art, des peintres, des sculpteurs ; où sera donc l'égalité, s'il y a toujours inégalité dans l'effort. De quel droit la société imposera-t-elle à tel homme d'être mineur et à tel autre de faire de la sculpture ? Le génie le plus scientifique n'arriverait pas à faire le calcul de ces efforts pour les doser en quantités égales à chaque homme et à chaque profession. Il y a là des « quantités » qui ne sont pas du domaine scientifique et qui s'opposent à la réalisation de la conception matérialiste du socialisme.

Cherchons donc la solution dans la répartition plus équitable de la propriété. Lamartine dans son *Voyage en Orient* avait entrevu la vérité quand il s'écriait :

« C'est de la situation des prolétaires qu'est née la question de propriété, qui se traite partout aujourd'hui et qui se résoudrait par le combat et le partage si elle n'était résolue bientôt par la raison, la politique et la charité sociale. La charité, c'est le socialisme ; l'égoïsme, c'est l'individualisme. La charité, comme la politique, commande à l'homme de ne pas abandonner l'homme à lui-même, mais de venir à son aide, de former une sorte d'assurance mutuelle à des conditions équitables entre la société possédante et la société non possédante. Elle dit au propriétaire : « Tu garderas ta propriété. » Car malgré le beau rêve de la communauté des biens tenté par le christianisme et par la philanthropie, *la propriété paraît, jusqu'à ce jour, la condition nécessaire de toute société ;* sans elle ni famille, ni travail, ni civilisation. Mais cette même charité lui dit aussi : « Tu n'oublieras pas que ta propriété n'est pas seulement instituée pour toi, mais pour l'humanité tout entière ; tu ne la possèdes qu'à des conditions de justice, d'utilité, *de répartition et d'accession pour tous ;* tu fourniras donc à tes frères, sur le superflu de ta propriété, des moyens et des éléments de travail qui leur sont nécessaires pour posséder leur part à leur tour ; tu reconnaîtras un droit au-dessus du droit de propriété, le droit d'humanité. Voilà la justice et la politique. »

L'ACCESSION A LA PROPRIÉTÉ

Le prolétariat et l'État

Au point de vue national, le développement de la propriété individuelle offre un intérêt considérable. Le prolétaire, le salarié est un déraciné qu'aucun lien matériel ne paraît rattacher à la patrie et, dans la lutte de chaque jour, le lien moral, la race et la nationalité, sombrent rapidement devant les souffrances qu'endure le travailleur, obligé de se mettre au trimard pour chercher son gagne-pain. L'*ubi bene, ibi patria* devient vite pour lui la vérité, qui se traduit, sous les excitations des révolutionnaires, par l'internationalisme et l'antimilitarisme. Le prolétaire n'est pas conservateur parce qu'il n'a rien à conserver, et il juge inutile d'être soldat pour contribuer à la défense d'une société dont il ne partage pas les richesses. « Le pauvre est un étranger dans son pays », dit avec raison un proverbe arabe.

Dans une grande nation comme la France, où,

par le suffrage universel, tous les citoyens sont tenus aux mêmes devoirs et ont les mêmes droits, il existe une différence trop sensible entre la bourgeoisie et la masse des travailleurs. Au lendemain de la Révolution, le peuple se battit vaillamment et des centaines de mille hommes firent le sacrifice de leur vie sur les champs de bataille, au cri de « vive la liberté », parce qu'on les avait soulevés contre des classes privilégiés qui détenaient la fortune et la terre. Ils se battaient pour conquérir des biens qui jusqu'alors leur avaient été interdits. Mais leurs fils ont vu s'édifier la fortune industrielle et commerciale de la France, ils ont travaillé à établir ces richesses, sans y pouvoir participer. Et ce n'est pas sans dépit qu'ils constatèrent que la révolution ne leur avait pas donné grand'chose. Cependant la constitution établit un jour le suffrage universel et ils songèrent alors à utiliser cette arme pour conquérir ce que la révolution, ni le temps ne leur avaient procuré.

Hélas ! ils étaient peu préparés pour faire un bon usage du bulletin de vote. L'acte civique qui consiste à choisir librement son représentant au Parlement et dans les assemblées municipales ou cantonales suppose au moins, chez celui qui utilise ce droit, un ensemble de connaissances lui permettant d'agir en toute indépendance et de savoir ce qu'il fait. Etait-ce là la situation de tous les citoyens français quand le suffrage universel fût proclamé ? Une minorité considérable ne savait ni lire, ni écrire et aujourd'hui encore la loi sur l'instruction obligatoire a bien peu remédié à cette situation. Que devenait alors le droit de vote entre les mains d'un illettré ? Non plus un moyen de libération, mais une arme perfide et dont l'usage pouvait devenir funeste pour celui qui l'utilisait et qui allait être bientôt la proie des politiciens et des démagogues. C'est là tout le fond de l'histoire de notre pays depuis trente ans.

On a songé avant tout à donner des droits politiques à la masse des citoyens, espérant ainsi calmer chez eux le désir de droits plus légitimes encore.

Les travailleurs ne parvenant pas à conquérir la propriété que la Révolution leur avait promise, traités en parias puisqu'ils n'avaient pas le droit de s'associer pour défendre leurs intérêts, en ont voulu à la société de cette impuissance où les réduisaient la législation et la politique. « Si nous devons rester toute notre vie, nous et nos enfants, des dépossédés, ont-ils pensé, il est monstrueux qu'il y ait des riches et des propriétaires ; nous souffrons de cette inégalité, il faut donc supprimer les richesses et la propriété. » Et quand le socialisme parut, une lueur d'espoir brilla pour les travailleurs. Ils y crurent comme à une religion nouvelle.

Or, aujourd'hui, la pensée socialiste domine en fait le gouvernement de l'Etat qui, poussé par ses besoins incessants et toujours croissants, dirige ses coups contre la portion des citoyens qui détiennent la propriété et le capital. Au moyen de l'impôt, l'Etat peut arriver à rendre impossible au propriétaire ou au capitaliste l'administration de sa propriété ou de son capital. On a vu, dans le Midi de la France, certains propriétaires abandonner leurs terres à la commune, parce qu'ils ne pouvaient acquitter les charges imposées par l'Etat. Le rachat des chemins de fer et des mines sont des opérations nettement socialistes, puisqu'elles augmentent la propriété de l'Etat, en diminuant d'autant celle des citoyens et qu'elles transforment en fonctionnaires des hommes qui avaient sous le régime de la société anonyme l'avantage d'être libres de leur pensée, de pouvoir conquérir par l'achat d'actions de cette société une part de l'outil qui les fait vivre, augmentant ainsi leur indépendance vis-à-vis du capital producteur qui les employait puisqu'ils auraient modifié leur situation de salariés. Devenus employés de l'Etat, ils sont condamnés désormais à n'être que des salariés, à rester des prolétaires.

L'idée de liberté n'est pas compatible avec un régime où l'Etat serait devenu l'unique patron, commandant à des millions de travailleurs dont l'unique espoir serait la retraite promise et versée par l'Etat à tous ceux dont il utilise les services. Les travailleurs doivent espérer davantage de leur labeur.

3.

Le rôle de l'Etat moderne doit être plus noble et plus généreux. Le développement de la liberté est parallèle au progrès de la civilisation.

L'Etat ne doit par conséquent en aucune façon restreindre cette liberté. Il doit être le lien, le ciment qui relie entre eux les divers éléments constitutifs de la nation. Il doit s'efforcer de mettre entre eux de l'harmonie. C'est à ce titre qu'il exerce la *justice*. Au point de vue national, il représente le pays vis-à-vis des nations étrangères ; il a la charge d'organiser la défense du territoire contre l'extérieur et, à l'intérieur, il doit veiller à la sécurité des citoyens : il assure ces services au moyen de l'armée et de la police. Il administre le patrimoine national que constituent les routes, les canaux et cet immense capital artistique que les siècles et l'histoire ont légué au pays.

Quand il dépasse ces limites, quand il étend ses pouvoirs ou son rôle au delà de ces fonctions, il devient oppressif et tyrannique. Il en est ainsi quand l'Etat prétend imposer aux citoyens le monopole de son enseignement.

Au contraire, l'Etat fera œuvre de justice s'il développe tout ce qui peut permettre à l'homme l'accroissement de son indépendance dans la société. « Comme représentant de la justice, dit M. Fouillée, l'Etat doit rendre parfaitement libre et même faciliter autant qu'il le peut l'accession à la propriété aux nouveaux occupants, car la propriété représente dans nos sociétés modernes l'indépendance personnelle. » Il doit donc s'attacher à armer le mieux possible l'individu pour la conquête de son indépendance et, au point de vue qui nous préoccupe, pour faciliter au prolétaire cette conquête, « l'Etat doit répandre largement l'instruction professionnelle », qui constitue pour le travailleur le premier capital, le premier instrument de travail.

Pour cette fonction l'Etat aurait dû trouver dans le syndicat un collaborateur ; mais les moyens ont manqué à ce dernier pour organiser l'enseignement professionnel.

S'il est donc vrai que la conquête de la propriété individuelle sous toutes ses formes assure le développement de la liberté de l'homme, pourquoi la transformation du salariat moderne ne s'opérerait-elle pas en ajoutant, pour le travailleur, à ce capital qu'est l'instruction professionnelle l'outil ou une partie de l'outil qui assure son existence. En un mot, pourquoi, dans l'usine moderne, ne serait-il pas possible aux salariés de s'élever, par leur travail, à la situation d'associés, de participants à la propriété de l'usine, et du capital par conséquent ? N'y aurait-il pas un progrès considérable réalisé si les ouvriers et employés devenaient les associés de leurs patrons, en participant au capital de l'entreprise qui les emploie ?

L'ACCESSION A LA PROPRIÉTÉ

La participation des ouvriers au capital

L'idée de l'association du capital et du travail n'est pas une invention des « Jaunes ». Bien des patrons, comme les Laroche-Joubert, les Godin et les Japy, en France, d'autres en Amérique et en Angleterre, ont adopté spontanément depuis de longues années ce système. En Angleterre particulièrement, une association la *Labour Co-Partnership Association* qui a à sa tête en même temps que des représentants des trade unions, des membres du Parlement, libéraux et unionistes, et des patrons, a pour objet « *d'amener une organisation de l'industrie basée sur le principe du* TRAVAIL ASSOCIÉ, *c'est-à-dire un système par lequel tous ceux qui sont occupés par une industrie auront* UNE PART DANS LES BÉNÉFICES, DANS LE CAPITAL, L'AUTORITÉ ET LA RESPONSABILITÉ.

Dans cette pensée l'association cherche :

1° Dans le mouvement coopératif, à aider par sa

propagande et ses conseils, toutes les formes de la production, basées sur le principe précité ;

2o Dans les autres affaires, amener employeurs et employés à adopter des projets de participation aux bénéfices et de placement tendant au même but. »

La seconde partie de ce volume renfermera les règlements ou statuts des diverses maisons qui, dans le monde, ont adopté la participation au capital et les résultats obtenus par ces entreprises seront les meilleures réponses aux critiques de nos adversaires, mais néanmoins il est nécessaire de les discuter.

Le capital ouvrier. — La première objection qui fut faite aux Jaunes, quand ils présentèrent dans les réunions publiques cette idée de l'association du capital et du travail, consistait dans l'impossibilité pour les ouvriers de faire des économies suffisantes pour pouvoir acquérir une ou plusieurs actions d'usines. Les salaires, disait-on, sont trop faibles pour permettre au père de famille d'économiser quelques sous. Cette objection, chère aux socialistes, paraît sérieuse pour un esprit mal renseigné. En vérité, et les caisses d'épargne sont là pour nous l'apprendre, nombreux sont les travailleurs de tous ordres et dans toutes les régions de la France qui ont un dépôt de plusieurs centaines de francs à la Caisse d'épargne.

Les caisses d'épargnes. — En 1906, le solde des

caisses d'épargnes ordinaires se montait à 4 milliards 780 millions, répartis sur 12.462.892 livrets, dont 2.280.000 comprennent des livrets de 21 à 100 francs, 4.150.000 des livrets de 20 francs et au-dessous, et 6.000.000 de livrets au-dessus de 100 francs.

Au point de vue des professions, les déposants se répartissent comme suit :

Les mineurs sans profession comprennent 27,33 o/o du nombre total, les ouvriers d'industrie 17,12 o/o ; les propriétaires-rentiers 16,42 o/o, les domestiques 10,54 o/o, les journaliers et les ouvriers agricoles 9,81 o/o, les employés 7,06 o/o, les chefs d'établissements agricoles, industriels commerciaux 7,02 o/o, les militaires et marins 2,28 o/o, les professions libérales 2,28 o/o et les nomades 0,14 o/o.

Ainsi 45 o/o des déposants aux caisses d'épargnes ordinaires sont des ouvriers domestiques ou employés, sans compter les 27 o/o de mineurs sans profession qu'on peut sans exagération ranger dans la catégorie des dépôts faits par des ouvriers. Près de *2 milliards* d'économies ouvrières dorment donc dans les caisses d'épargnes ordinaires, auquel il faut joindre les dépôts des caisses d'épargnes postales qui possédaient en 1905 un avoir de 1.278.257.647 francs répartis entre 4.577.390 personnes ; ce qui donne une moyenne de 279 fr. 25 par dépôt.

Ces capitaux considérables sont inutilisés au

point de vue de la production. L'utilité du capital, c'est de permettre par son usage la création de capitaux ou de richesses nouvelles.

Ceux des caisses d'épargnes sont représentés dans les caisses de l'Etat par des titres de rente française dont ils ont servi à maintenir le cours. Leur réalisation, en cas de crise économique ou de guerre, entraînerait fatalement une baisse considérable des cours et peut-être une banqueroute. Ne vaudrait-il pas mieux que cet argent fût placé dans l'industrie nationale et si les ouvriers ou employés

I. STATISTIQUE DES NOUVEAUX DÉPOSANTS EN 1907

Professions	*Hommes*	*Femmes*
Chefs d'établissements agricoles, industriels et commerciaux	55.480	24.257
Journaliers et ouvriers agricoles. . .	73.700	32.403
Ouvriers d'industrie.	104.341	65.321
Domestiques	34.824	75.148
Militaires et marins	26.099	1.137
Employés.	56.356	15.304
Professions libérales	16.802	7.958
Propriétaires rentiers et personnes sans profession.	38.246	134.013
Mineurs sans profession	144.276	139.094
Nomades.	705	96
	550.529	495.331

Soit un total de 1.045.860 livrets nouveaux, dont le montant s'élève à 782.184.111 fr. 45. Les salariés ayant effectué des dépôts sont au nombre de 458.534 dont 269.221 hommes et 189.313 femmes. Mais en peut mettre au compte des salariés la majeure partie des dépôts effectués pour les mineurs et qui sont au nombre de 283.970. C'est donc les deux tiers des dépôts qui sont faits par les travailleurs.

français possédaient aujourd'hui 2 milliards de capitaux ou d'actions des diverses industries du pays, ne pensez-vous pas que la situation du travailleur serait considérablement améliorée, tant au point de vue moral qu'au point de vue matériel ? Parce que le régime du travail associé ne transforme pas seulement la condition matérielle du travailleur, il élève sa condition morale. Le salarié, l'esclave de la veille ira gaiement à son travail quand il saura que son effort quotidien va contribuer à grandir la propriété dont il a désormais une part.

Le but de son effort ne sera pas le salaire journalier, mais la conquête d'une part toujours plus grande de cette propriété. Dorénavant il aura quel-

Le nombre des déposants depuis 1835 et la moyenne des dépôts ont varié dans les proportions qui indiquent bien qu'il n'y a pas progrès vers la concentration, au contraire.

	Moyenne des déposants par 1.000 habitants	Moyenne par livret
1835	4	511 fr. 70
1860	34	309 71
1870	58	304 58
1880	104	333 29
1890	151	505 38
1900	185	458 66
1907	198	454 00

Nous avons vu plus haut que le nombre des livrets de 20 à 100 fr., 200 à 500 fr., et 1.000 francs était de 3.541.207 sur 7.500.000 : l'augmentation de la moyenne des dépôts depuis 1835 et la moyenne par livret confirment encore notre thèse.

que chose à conserver, il pourra devenir libre par son travail.

La situation des caisses d'épargne nous apporte un argument de plus contre la pensée socialiste qui prétend que l'évolution se fait vers la concentration des capitaux. L'augmentation croissante des déposants dans les caisses d'épargne prouve le contraire. En 1882 il y avait 4.645.893 livrets ; en 1906, comme nous l'avons vu tout à l'heure, il y en a plus de 12 millions. Ils ont plus que doublé en vingt ans et cette progression rapide vient à l'appui de notre thèse, pour montrer que la réalisation du régime du travail associé ne serait pas impossible avec le seul concours des économies ouvrières.

L'ouvrier actionnaire. — Des économistes de l'école libérale ont objecté à notre théorie qu'ils considéraient comme un grave danger d'engager les travailleurs à placer leur argent dans les entreprises industrielles. M. Cheysson, notamment, s'est fait l'écho de ces sentiments dans une réunion de la Réforme sociale (1).

A première vue l'objection paraît sérieuse. Le public entend souvent parler de faillites, d'échecs industriels, de désastres financiers qui engloutissent des millions, et on plaint sincèrement les malheureux qui ont mis leurs économies dans ces affaires.

1. La *Réforme sociale*, 16 novembre 1907.

Mais en réalité on ne réfléchit pas qu'il y a en France plusieurs milliards de capital industriel qui alimentent des usines très prospères et dont la vitalité est assurée pour plusieurs générations. Il n'y a donc pas de raison pour que les économies aillent plutôt dans les premières que dans les secondes. Il faut même penser le contraire, parce qu'un ouvrier se rendra mieux compte qu'un petit rentier ou capitaliste si l'usine dans laquelle il travaille est assurée d'un certain avenir. D'ailleurs, si, dans les trente dernières années, bien des industries n'ont pas donné à leurs propriétaires les résultats qu'ils espéraient, cela a tenu très souvent à la mauvaise qualité ou à l'ignorance du personnel.

Le socialisme ayant appris aux travailleurs que le capital est une chose méprisable dont ils étaient les victimes, il en est résulté chez eux un état d'esprit bien naturel qui les poussait à ne pas travailler, à donner au patron, en échange de la rémunération qu'ils en recevaient, le moindre effort possible. Le socialisme ajoute qu'en agissant ainsi le travailleur diminue les causes de chômage, puisque le patron se trouve obligé de répartir le travail en un plus grand nombre de mains. L'idée serait juste si la concurrence n'existait pas, mais elle devient criminelle, au contraire, parce qu'elle enlève à l'industrie nationale un des moyens de combat contre la production des autres pays et qu'elle tend ainsi à

apporter des troubles profonds dans le développement de notre industrie et de notre commerce, ce
qui nuira aux travailleurs comme aux patrons.

Si le travailleur français fut séduit pas cette théorie socialiste du moindre effort, c'est qu'il ne consi-
dérait pas le salaire comme la juste rémunération
de son effort. Supposons au contraire le principe
d'association introduit et pratiqué dans nos grandes
industries, quelle source inépuisable de richesses !
Quelle harmonie dans l'effort humain ! Quel désir
chez les travailleurs d'accroître chaque jour ce patrimoine commun à l'effort, et les revenus de ce
patrimoine ! Quelle force morale nouvelle ils y pui-
seraient pour la prospérité de leur pays, puisque de
cet « effort associé » naîtraient d'abondantes richesses et qu'ainsi ceux qui ne possèdent rien auraient
plus de chances de pouvoir posséder à leur tour ! Le
but du travail humain doit être l'accroissement
constant du capital et des richesses. La répartition
en sera plus facilement équitable.

Le sursalaire. — L'augmentation des richesses.
— Le régime du travail associé, en même temps
qu'il racinera le travailleur à son outil, augmentera
sa faculté de consommation sans apporter de charges nouvelles à l'industrie.

L'augmentation constante des salaires n'améliore
pas le sort du travailleur (1). Elle provoque une élé-

1. L'Office américain du commerce et de l'industrie publie

vation du prix de revient et par conséquent une hausse des produits sur le marché : ainsi, tel ouvrier qui pouvait vivre il y a vingt ans avec 4 francs par jour, y arrive difficilement aujourd'hui avec un salaire double. Or l'instabilité des salaires rend difficile pour le patron la passation des contrats, soit dans l'achat de la matière première, soit dans

sur le prix des vivres, ainsi que sur le salaire et la durée de travail des ouvriers, des statistiques qui ont permis de dresser l'intéressant tableau que voici :

	1900	1905	1906	1907
Heures de travail par semaines	98,7	95,9	95,4	95,0
Salaire par heure . .	105,5	118,9	124,2	128,3
Salaire moyen par semaine	105,1	114,0	118,5	122,4
Prix du détail des vivres	101,1	112,4	115,7	120,0
Puissance d'achat du salaire hebdomadaire par rapport au prix des vivres.	103,0	101,4	102,4	101,5

Ces données sont calculés en prenant comme point de comparaison les moyennes des années 1890-1899 évaluées à 100.

Que nous apprend ce tableau ? Que les heures de travail ont diminué, que les salaires ont augmenté, mais que la puissance d'achat des salaires s'est abaissée.

Il ressort nettement de ces chiffres que l'augmentation des salaires n'a pas amélioré le sort des ouvriers, puisque les prix des vivres ont augmenté en même temps dans une proportion plus considérable encore.

La tactique socialiste, figée dans l'augmentation des salaires, va donc à l'encontre des intérêts des ouvriers.

l'acceptation d'une commande. Le « *travail associé* » détruit cette incertitude puisque les salaires auront été fixés d'un commun accord entre patrons et ouvriers qui auront désormais tout intérêt à éviter les conflits. Il améliorera donc ainsi l'échelle des salaires. Mais il améliorera aussi la production, créera entre les travailleurs d'une même usine une émulation, un esprit d'ordre trop rares aujourd'hui, d'où diminution du prix de revient et des frais généraux. Donc transformation complète de la situation au point de vue de la lutte contre la concurrence étrangère. Mais, en même temps, il en résultera une augmentation considérable des bénéfices et la répartition qui en sera faite aux travailleurs associés augmentera la faculté de consommation de ces derniers ; ce sera le *sursalaire* dont l'emploi provoquera naturellement une augmentation générale de la production et du commerce national.

C'est cette bienfaisante conséquence de l'application du *travail associé* dans la grande industrie et le grand commerce qui nous permet de répondre à ceux qui disent : « Mais votre système ne peut pas s'appliquer aux petits patrons ou commerçants. » Nous pourrions répondre que déjà le système de l'employé intéressé est adopté dans de nombreuses industries ou commerces. Mais les travailleurs de tous ordres bénéficieront forcément de l'amélioration économique obtenue par l'application du *tra-*

vail associé et dont la principale conséquence sera d'augmenter les richesses et la faculté de consommation des travailleurs, sans augmenter la cherté de la vie.

Il aura un autre résultat, celui de diminuer l'incertitude des tentatives industrielles et d'augmenter par conséquent la sécurité des capitaux placés dans l'industrie. L'influence socialiste et révolutionnaire ne pourra plus s'exercer sur des travailleurs qui n'auront rien à envier désormais au patron puisqu'ils participeront comme lui au capital et aux bénéfices de la production.

Et si l'on y réfléchit, est-ce que les risques courus par le travailleur associé ne seront pas moindres que ceux courus par le déposant à la Caisse d'épargne ? Est-ce que les avantages de toutes sortes qu'en recueillera le travailleur ne vaudront pas mieux que le maigre intérêt servi par l'Etat à ces dépôts ? Et puis si la vie sociale de notre pays est troublée, c'est en raison de la disproportion trop grande entre la bourgeoisie et le prolétariat. Le « travail associé » détruira cette anomalie et par là contribuera mieux que tout autre système à cette paix sociale que certaine bourgeoisie aurait voulu obtenir sans sacrifices. Le salarié ne sera plus le prolétaire, le trimardeur, mais l'associé, le collaborateur puisque la participation au capital, instituant la responsabilité de l'ouvrier, entraînera sa participation à la direc-

tion et à l'administration par la présence de délégués des actionnaires ouvriers au conseil d'administration (1).

*La participation des ouvriers à la direction et à
l'administration.* — Elle sera la conséquence de la
possession par les ouvriers d'une partie du capital
social. C'est la plus forte objection faite à la participation au capital. Pour ce qui est des sociétés anonymes, l'objection ne tient pas. Même actuellement,
dans une compagnie de chemin de fer par exemple,
les actionnaires n'ont pas le droit de contrôle des
comptes; ils assistent aux assemblées générales suivant les droits que leur donnent les statuts et
c'est tout. Ils nomment le conseil d'administration
et s'ils n'en sont pas satisfaits, ils peuvent, au moment de leur réélection, changer les administrateurs
de la société. Il semble donc qu'une société aura
tout intérêt à trouver parmi ses actionnaires des
membres de son personnel dont la compétence sera
mieux établie que celle actionnaires ordinaires.
S'il s'agit d'un patron, qui a adopté l'accession au
capital, il aura les mêmes avantages à s'attacher la
collaboration de délégués ou représentants de son
personnel. Dans les grandes usines, le patron ne
peut être partout ; il confie souvent à des directeurs
ou contremaîtres le soin de surveiller le travail, et

1. Modification nécessaire de la loi sur les sociétés.

ceux-ci, placés entre la nécessité de rendre compte de leur mission au patron et le souci de ne pas s'attirer la haine du personnel, tolèrent des abus qu'un patron personnellement en contact avec ses ouvriers ne supporterait pas. L'ouvrier actionnaire, désormais intéressé au rendement de l'usine, surveillera son travail et celui de ses camarades, signalera au patron que telle machine est mal montée, que telle autre gâche de la matière première, que tel travail pourrait être fait dans des conditions plus économiques. En un mot ce serait la fin du coulage, qui entre pour une part si considérable dans les frais généraux d'une industrie.

Mais ces résultats ne peuvent pas évidemment être obtenus du jour au lendemain. Il est clair que l'application du « travail associé » ne donnerait pas aujourd'hui dans certains centres industriels, dans certaines usines, les résultats que nous en attendons, parce que l'état d'esprit des travailleurs n'est pas préparé à cette transformation du salariat. Avant d'arriver à la généralisation du système, il y a une œuvre d'éducation à faire. C'est pour cela que la concession du droit de propriété aux syndicats est désirable. Elle doit être la première étape de cette lente évolution.

A côté de cela, il est nécessaire que le travailleur soit instruit de plus en plus des conditions économiques de l'industrie qui le préoccupe, de l'état du marché, des cours du produit qu'il extraie ou qu'il fabrique. Le syndicat doit donc se préoccuper de faire l'éducation économique du travailleur et l'Etat a le devoir d'y contribuer, en mettant à la disposition des syndicats les résultats des travaux de statistique sur les exportations, les importations, les variations des cours, etc., etc.

En définitive, la transformation du salariat en régime du *travail associé* est une œuvre de longue haleine. Mais le lien qu'il créera entre le patron et l'ouvrier établira entre eux une confiance mutuelle, bienfaisante et pacificatrice.

Les sociétés par actions. — La création d'actions ouvrières paraît difficile actuellement, parce que le taux d'émission des actions industrielles est généralement de 5oo francs. Peu d'ouvriers pourront ainsi souscrire une action. Cette difficulté tient à la législation sur les sociétés anonymes ; mais celle-ci peut être modifiée de telle façon que toute société en formation ait l'obligation d'émettre une partie de son capital en coupure de 25 francs, par exemple, qui seront réservées au personnel (1).

1. Voici le vœu adopté à ce sujet par le Congrès des Jaunes en avril 1907 :

« Le Congrès des « Jaunes » émet le vœu que la loi sur la constitution des sociétés soit remaniée en ce sens :

1° Une portion du capital social sera réservée à la souscription des ouvriers, de façon que ceux-ci puissent souscrire des parts ou actions, lesquelles seraient libérées si les ou-

Actuellement, au moment de la constitution de la société et avant l'ouverture des ateliers, peu d'ouvriers participeraient, même dans ces conditions, à une souscription d'actions ; mais il peut être stipulé dans les statuts que le conseil d'administration souscrira la part que la société désire réserver au personnel et qu'une fois le travail commencé, le conseil cédera ces actions à tout ouvrier qui en fera la demande et ce dans un temps déterminé (1).

Quand il s'agit d'une affaire en exploitation dont les actions ont considérablement augmenté de valeur, la difficulté de cession d'actions aux ouvriers est évidemment plus grande, surtout s'il s'agit de titres émis à 500 francs et qui valent aujourd'hui 80.000 francs, comme dans certaines compagnies minières.

On objecte que, même si l'on fait des coupures de ces actions, l'employé achètera une valeur de spéculation. M. Souchon (2) a répondu à cette objection : « Il est clair que je n'ai pas la prétention que sous prétexte de donner là une action de 100 francs

vriers en manifestent le désir, au moyen de retenues sur les salaires ;

« 2° Que cette modification soit imposée à toute société ou *entreprise à monopole* dont l'organisation financière devra être remaniée de façon à donner accès aux souscriptions ouvrières dans les conditions ci-dessus énoncées.

Voir aussi aux annexes le vœu adopté au Congrès de 1909.

1. Voir statuts des mines de Montigné, p. 155.

2. *La Réforme sociale*, 16 nov. 1907.

à l'ouvrier, on lui donne le cinquième de 80.000 francs.
Mais il serait très facile de consolider les cours dans
les prix des cinq dernières années et de calculer les
100 francs sur cette base-là. »

Mais, à vrai dire, la participation au capital peut
se faire autrement que par l'achat d'actions. En
dehors des sociétés anonymes par actions, il existe
un nombre considérable d'industries ou de commerces, appartenant à un ou plusieurs individus. Ici les
actions n'existent pas. Il est toujours possible, dans
ce cas, aux propriétaires de transformer leur maison
en société anonyme et de faire participer leur personnel à sa constitution. Mais, en outre, un patron ou une
société anonyme peuvent créer des obligations et en
réserver l'achat au seul personnel de l'usine ou de la
maison. Par ce moyen, l'employé ne pourra prétendre à la direction de l'entreprise, mais il aura une
situation privilégiée puisque obligataire et que son
argent courra ainsi moins de risques que s'il était
actionnaire. Les porteurs d'obligations d'une société
sont considérés, en effet, comme des créanciers privilégiés et la possession de ces obligations par des
ouvriers ne ferait que fortifier ce privilège (1).

On objecte encore que l'acquisition par des ouvriers d'actions de la société qui les emploie provoque une immobilisation de leurs économies, ce qui

____

1. Voir statuts de la maison Japy frères, p. 148.

peut être pour eux très gênant à certains moments. La maladie, le chômage, le nombre élevé des enfants sont des causes de dépenses très lourdes pour le chef d'une famille ouvrière et son salaire pourrait ne pas y suffire. La possession d'une action ne pourra pas lui être d'une grande utilité puisqu'il ne pourra la céder facilement, tandis que si ses économies dormaient à la Caisse d'épargne, il pourrait en disposer suivant ses besoins. Cela n'est pas exact.

La participation et la mutualité. — La participation au capital n'a pas pour but seulement de permettre à l'employé de devenir actionnaire. Elle doit avoir des conséquences plus considérables et plus profitables au relèvement du prolétariat. Si la mutualité a fait de grands progrès dans ces dernières années, il lui en reste encore beaucoup à faire et son développement se trouve certainement retardé par l'insuffisance des ressources des travailleurs. Dans l'usine où employeurs et employés seront des associés, l'effort de tous tendra vers une amélioration constante de la vie matérielle. Rien ne sera perdu et les membres de cette nouvelle famille industrielle, désormais solidaires les uns des autres, n'auront d'autre souci que de créer, à côté de leur usine, des caisses de secours, des caisses de retraites, *de crédit où les titres possédés par les ouvriers pourront servir au besoin de gage à un prêt dans des conditions déterminées à l'avance,*

car il est bien évident qu'une action ou obligation
ouvrière ne pourra être aliénée par son propriétaire, sans le consentement de ses coassociés.

*Le caractère des actions ou obligations ouvriè-
res.* — La loi des sociétés devra être modifiée dans
ce sens. Un ouvrier qui voudrait vendre son action
ou obligation ne pourrait la céder qu'à un membre
du personnel de la société ou de la maison qui l'emploie, avec l'autorisation du conseil d'administration et selon les règles ordinaires. En outre, son ou
ses titres seraient rachetés à tout ouvrier ou employé qui quitterait sa maison.

Ils devront être aussi insaisissables dans une
certaine limite, et de cette façon la loi du 13 juillet 1909, qui a créé le bien de famille immobilier,
sera heureusement complétée par la création d'un
mobilier insaisissable.

Le fonds de garantie. — Il serait nécessaire de
compléter la réforme de la loi en organisant la
garantie des parts ouvrières. Cette proposition a
été formulée par M. Souchon, dans sa communication à la *Réforme Sociale* (16 décembre 1907) ; il
l'a présentée en ces termes : « Vous savez ce qui
se passe pour les accidents. On ne veut pas que,
dans leur pension, les ouvriers puissent être atteints
par l'insolvabilité d'un patron ou d'une compagnie d'assurances et, avec des centimes addition-
nels à la patente, on crée un fonds de garantie

qui a pour but précisément de parer à cette insolvabilité, au profit des ouvriers. Serait-il impossible, pour la future action ouvrière, de recourir
à des moyens du même ordre, de créer une sorte
de fonds de garantie? Je ne dis pas, notez-le bien,
que ce fonds de garantie serait à prendre en impôts sur l'industrie française tout entière, parce
que l'industrie française est déjà assez chargée et
menace bientôt d'être trop chargée d'autres impôts
pour qu'on n'aille pas joyeusement et d'un cœur léger
au devant de taxes nouvelles, quand il s'agit d'elle.
Seulement, ce fonds de garantie pourrait être fait
par l'ensemble des actions ouvrières elles-mêmes ;
si, sur l'ensemble de leurs revenus, on faisait des
prélèvements qui formeraient une caisse d'assurance, de la sorte l'Etat n'aurait-il pas, dans cette
question qui peut être une question d'avenir, accompli ce qui est son rôle naturel ; sans avoir rien
fait lui-même, il aurait permis de faire, par le progrès d'une législation démocratique sans cesser
d'être libérale. »

En résumé, les objections faites à la doctrine de
participation au capital ne viennent pas surtout des
ouvriers, mais de doctrines économiques, jalouses
de conserver leurs privilèges aux classes qui détiennent aujourd'hui la propriété et le capital. Ce souci
d'épargner au travailleur les risques des entreprises
industrielles, tient plutôt à cette pensée que le pa-

tron se trouvera quelque peu diminué par le fait qu'il aura accepté, avec leur argent, la collaboration de ses employés. Si les travailleurs doivent courir quelques risques dans cette participation, l'éducation qu'elle leur vaudra compensera largement les pertes qu'ils pourraient y faire.

Et ce n'est pas là une pensée égoïste, car l'éducation de l'ouvrier et l'expérience qu'il acquerra par l'administration du capital engagé par lui dans une affaire, lui seront un moyen de défense précieuse contre les entreprises des rhéteurs et des socialistes.

La participation aux bénéfices. — L'achat direct par les ouvriers d'actions ou d'obligations n'est pas la seule façon, d'ailleurs, d'arriver à la participation au capital. La plus grande partie des sociétés et des patrons qui ont voulu transformer leurs salariés en collaborateurs associés ont commencé par les faire participer aux bénéfices. Puis ils leur ont offert de laisser leur part de profits dans la caisse de la maison. Ils ouvraient alors, à chacun de ces déposants, un compte qui se transformait en une action quand il en avait atteint le montant. Nous avons indiqué tout à l'heure comment le législateur peut faciliter la participation au capital en modifiant la loi sur les sociétés anonymes et en abaissant à 25 francs le taux d'émission des actions de toute société, ce qui est le cas en Angleterre. Il nous semble que l'intervention du législateur dans la participation aux bénéfices est plus difficile, sinon impossible, et qu'on doit laisser au temps le soin do développer cette pratique et de la faire rentrer dans les mœurs.

La participation aux bénéfices, *qui ne peut être considérée comme une fin, ni comme une solution du problème des relations entre le capital et le travail,* échappe par sa nature à toute espèce de réglementation d'ordre général. Pour une même industrie, les procédés de travail, les méthodes de direction, la forme de l'entreprise, les salaires varient dans la même région, il serait donc difficile déjà, dans ce cas, de légiférer sur la participation aux bénéfices ; à plus forte raison, généraliser cette réglementation serait absolument impossible, surtout quand il s'agirait de fixer le taux de la participation. Les bénéfices industriels sont soumis à des influences si diverses, dont quelques-unes sont indépendantes de la volonté humaine, que le législateur serait impuissant.

La participation aux bénéfices ne peut donc être considérée que comme un moyen d'arriver à la participation au capital. Son obligation créerait une injustice si elle n'était pas compensée par la participation aux pertes et dans tous les cas elle ne change rien au régime du salariat. Certains essaient de confondre les deux participations. Il y a loin entre la situation du « participant aux bénéfices » et celle de « l'associé ».

M. *Henry Vivian*, membre de la Chambre des communes et secrétaire de la « Labour Co-Partnership Association » l'a fait justement remarquer dans son *Report of Proceedings in connection with the half-yearly meeting of Labour Co-Partnership Association at Batley* (may 1906).

« Je devrais peut-être insister sur la distinction entre la situation de « l'associé » et celle du « participant aux bénéfices », dit-il. Cette dernière est un élément nécessaire à la première, mais seulement un des deux, l'autre étant de posséder du capital. Qu'un capitaliste verse à ses ouvriers une part des bénéfices qu'ils aident à produire, cela peut être une excellente chose, suivant le but recherché et le système sur lequel elle est basée ; mais si le capitaliste conserve tout le capital et tout le contrôle dans ses propres mains, il n'y a pas association (*co-partnership*). Dans l'association, l'ouvrier peut aussi placer dans l'affaire sa part de bénéfices ou ses autres économies, et ainsi obtenir une part dans le capital et le contrôle. »

Le syndicat et le droit de propriété. — Mais si la participation aux bénéfices ne peut être imposée et si nous devons tenir compte des difficultés que recontrera le travailleur pour pouvoir acquérir, par ses propres moyens, une part du capital de son usine, nous devons demander au syndicat d'être l'instrument de conquête de ce capital. Pour cela, le législateur devra modifier la loi de 1884 (1) dans le sens de l'extension du droit de propriété et de la capacité civile des syndicats.

Ainsi armé du droit de posséder, le syndicat pourrait acheter pour le compte de ses membres des actions de l'usine dont il réunit le personnel, qu'il pourrait représenter à l'assemblée des actionnaires. Il pourrait même par ce moyen participer à la direction. Le syndicat pourrait aussi être la caisse d'épargne des syndiqués et acheter pour le compte de tel ou tel de ses membres un titre quelconque dont le syndiqué deviendrait le propriétaire effectif dès qu'il aurait achevé le versement de son prix à la caisse du syndicat.

Les socialistes s'élèvent contre l'extension du droit de propriété des syndicats. Ils considèrent qu'un syndicat civilement responsable par son statut et par sa propriété serait victime des revendications que les patrons ne manqueraient pas de formuler contre lui toutes les fois que ses membres se seraient livrés, à l'occasion de conflits quelconques, à des actes répréhensibles, ayant porté atteinte à la propriété individuelle et même à la considération et à la personne morale du patron. Cette raison, en même temps qu'elle confirme la tendance révolutionnaire du syndicalisme socialiste, marque bien

---

1. Voir le texte de cette loi, p. 318.

son intention de s'opposer à toute conquête du travailleur vers la propriété individuelle. La propriété syndicale a les mêmes caractères que l'actif d'une société anonyme ; elle n'est donc pas une propriété communiste, mais un bien commun et il est facile de déterminer la part de chacun dans cette propriété : ce que ne veut pas le socialisme. Nous considérons au contraire que, si la propriété donne au syndicat une responsabilité, l'effort du syndicalisme pour la conquête de la propriété et du capital achèvera l'éducation des travailleurs en leur donnant une notion exacte de leur rôle dans le pacte social qu'ils signent à leur entrée dans une usine, ou lorsque, en tant que citoyens, ils useront de leurs droits civiques.

Modification de la loi du 21 mars 1884. — Le développement magnifique des trades unions anglaises, le soin qu'elles ont apporté à la constitution d'un capital syndical aujourd'hui considérable, devrait pousser le législateur français à la modification de la loi sur les syndicats. Mais il semble que la résistance opposée par le Parlement et l'Etat à cette modification tient chez nous à des causes profondes, peut-être même à la forme du gouvernement.

La représentation professionnelle. — Le Pouvoir législatif est exercé en France par deux assemblées irresponsables et dont la composition démontre, mieux que tout autre argument, combien les organismes vitaux de la nation participent peu à la direction du pays. Peu à peu ces assemblées, Sénat et Chambre des députés, ont assis leur pouvoir sur des cadres administratifs dont le nombre a constitué toute la qualité, mais a fait aussi leur force par le suffrage universel. Et cet appareil formidable est ce qu'on est convenu d'appeler l'Etat. Si bien qu'aujourd'hui le pays se trouve divisé en deux catégories de citoyens : d'une part l'Etat, avec ses fonctionnaires, disposant de l'armée, de la police et qui cherchera par tous les moyens à augmenter ses cadres pour assurer son existence : d'où développement du fonctionnarisme et augmentation constante des charges et des dépenses du pays ; d'autre part la masse des travailleurs de tous ordres (industrie, commerce, agriculture), plus nombreux que les salariés de l'Etat, mais impuissants à se défendre contre sa tyrannie, parce que l'Etat s'est bien gardé de leur donner le moyen d'associer leurs intérêts.

La raison de l'échec du syndicalisme en France est tout entière dans ce fait, aussi bien le syndicalisme patronal que le syndicalisme ouvrier. En effet pourquoi voulez-vous que des hommes s'associent s'ils n'ont pas la faculté de réunir tous les moyens dont ils peuvent disposer pour la défense de leurs intérêts ? L'étude des questions professionnelles, le placement n'étaient pas des mobiles suffisants pour entraîner les travailleurs dans les syndicats. C'était là des questions d'ordre moral, et l'augmentation des salaires, le grand dada des socialistes, n'avait pas une grande puissance de séduction, car la masse sent bien que ce n'est pas là le terme de ses efforts de revendication. En vérité l'augmentation des salaires est une conséquence de l'augmentation du prix des objets nécessaires à la vie de chaque jour (vivres, loyers, etc.), due le plus souvent à l'accroissement des charges fiscales. Mais elle ne change rien à la situation du salarié ; elle rétablit un moment l'équilibre entre la valeur des choses et la puissance d'achat du consommateur jusqu'au moment où l'équilibre, à nouveau rompu, le salarié songera à réclamer une nouvelle augmentation. Ce n'est pas là une solution.

Des hommes ne s'associent que s'ils peuvent réunir en même temps leurs efforts et leurs richesses, pour tâcher de les augmenter. Si le syndicat ouvrier avait eu la possibilité de constituer un capital, les travailleurs auraient connu ainsi son utilité et la difficulté qu'il y a à le gérer. Ils auraient appris comment la propriété est la base de la résistance à toutes les oppressions. Ils auraient songé à augmenter cette force de résistance et l'instinct d'association se serait rapidement développé parmi eux. En 1899, le gouvernement a bien déposé sur le bureau de la Chambre un projet de loi qui accorde aux syndicats le droit de propriété ; mais jamais il ne fut mis en discussion, car il est bien évident aujourd'hui que l'organisation, sur ces bases nouvelles, du monde du travail provoquerait la chute du régime parlementaire et l'avènement de la représentation professionnelle.

L'évolution nous y porte inévitablement et le passage du Pouvoir législatif des mains des politiciens aux mains des travailleurs se fera le jour où le droit de propriété aura permis aux organisations professionnelles de dresser la puissance de leur capital de production contre un fonctionnarisme improductif et appauvrissant.

La possibilité pour les syndicats d'accumuler un capital est prouvée surabondamment par les faits. En France, certains syndicats, le Livre, les chemins de fer et les mineurs du Nord, ont pu à un moment donné, avoir en caisse de fortes sommes provenant de cotisations accumulées. Mais comme selon la pensée socialiste ce capital ne pouvait être qu'un instrument de combat contre le patronat, il fut souvent gaspillé dans des grèves ruineuses et peu justifiées. C'est ainsi qu'en 1906 la Fédération du Livre dépensa un encaisse de près de 600.000 francs pour une grève dont les résultats n'ont pas compensé les sacrifices que s'est imposés cette Fédération. Si le syndicat avait eu la possibilité d'attribuer à ces capitaux une autre destinée, il eut mieux valu pour la corporation tenter la constitution d'une imprimerie coopérative, ou jeter les bases d'une caisse de retraites.

Un économiste belge, M. Henri Lambert, a nettement entrevu le rôle du syndicat propriétaire. Il considère que « l'organisation du droit d'association est le problème social ».

« La vérité, en matière d'association, ne peut être dans l'absorption de l'individu par des agrégats corporatifs directement ou indirectement obligatoires ; pas plus qu'elle ne pouvait être dans un isolement forcé, excluant tous groupements, conformément aux idées individualistes outrancières qui prévalurent pendant longtemps, après la Révolution : la vérité et le progrès sont dans l'*association individualiste*, ayant pour principe la *solidarité contractuelle*, c'est-à-dire volontaire, temporaire, toujours renouvelable, mais aussi toujours révocable — dans les limites prévues par la convention d'association.

Mis en œuvre dans les divers domaines de l'activité humaine, les principes de l'association individualiste, dérivant essentiellement et exclusivement du *contrat*, donneront partout naissance à des *sociétés*, dont la durée sera limitée, mais *dont les droits de posséder et de recevoir ne seront l'objet d'aucune limitation ni restriction, la seule condition imposée étant d'adopter le régime de la copro-priété des biens. Celle-ci écartera toute « main morte » et fournira la garantie de liberté indivi-duelle, l'avoir commun étant représenté par des parts ou actions nominatives possédées en propre par les associés*, qui pourront les aliéner en se con-formant aux arrangements contractuels.

Ce régime général d'association, applicable à tous les buts licites imaginables, — qui supprimera les syndicats professionnels tels qu'ils fonctionnent actuellement, — permettra l'accroissement immense et presque indéfini de la puissance et des moyens d'émancipation du travail ; mais il organisera en même temps la responsabilité des associations de travailleurs vis-à-vis des tiers ainsi que vis-à-vis de leurs propres membres. *Par la possession indi-vidualisée, il mettra en jeu l'initiative, l'autorité et la responsabilité individuelles dans ces groupe-ments, facteurs indispensables de leur avènement à une complète éducation économique* et de leur utile fonctionnement. Plus les associations seront riches et puissantes, plus ces facteurs assagiront leur action, et c'est avec elles qu'il deviendra, à des titres divers, avantageux de traiter.

Mortel aux organisations aggressives, mais émi-nemment favorable à toutes les coopérations pacifi-ques, un tel régime rendra possible certaines appli-cations nouvelles du principe d'association dans le domaine du travail, telles que le contrat collectif, les entreprises industrielles et commerciales, ou les participations à celles-ci, l'entreprise des services publics — à l'exception de ceux qui concernent l'administration et la sécurité à l'intérieur et à l'extérieur. Ces applications nouvelles — pour lesquelles les indispensables concours du capital et du savoir s'offriront au travail — seront, concurremment avec la pratique généralisée des formes actuelles de la coopération et de la prévoyance libres, la solution de la « question sociale ».

Si ces manifestations du travail, de si haute portée pacificatrice et progressive, n'ont pu se produire jusqu'ici, c'est surtout en raison de l'organisation et de l'orientation vicieuses imprimées aux associations professionnelles par les lois française et belge sur les syndicats professionnels, lois de circonstance, réunissant toutes les conditions d'exception, restrictives et extensives, de nature à faire de ces groupements des « corporations de combats » et à les empêcher de se présenter et de se développer en véritables sociétés de coopération économique. Admis, par privilège, à se constituer pour une durée illimitée, à posséder en « mainmorte », à fonctionner sans aucune publicité ni responsabilité, à stipuler à l'égard de leurs membres des obligations personnelles et indéterminées en étendue et en temps, les syndicats professionnels n'ont pas été organisés en associations économiques libres, comme on l'avait en vue, mais bien plutôt en associations d' « incorporation ». Celles-ci, sous l'influence du mysticisme économique et social qui caractérise la présente époque, ont pris, tout naturellement, le caractère et les attitudes de véritables congrégations de combat : constitués pour la lutte, les groupements professionnels sont, en quelque sorte, incapables de vivre et d'exercer leurs activités dans une atmosphère autre que celle des revendications violentes, de la lutte, de la révolte.

Le remède à ce mal ne pourra être trouvé que dans un retour général à la vraie liberté d'association, marqué par l'application aux groupements professionnels d'un droit commun applicable à tous les buts licites et institué d'après les principes généraux qui régissent tous les contrats. *La possession individualisée sera une des caractéristiques de ce régime général.* Transformé en « sociétarisme », le syndicalisme, éduqué, moralisé, discipliné par la responsabilité, et désormais industrieux, cessera d'être une erreur funeste, pour devenir un grand bienfait social. Constatant bientôt cette vérité, aussi essentielle qu'élémentaire, à savoir que le prolétariat a pour intérêt primordial l'instauration du régime le plus favorable au maximum de production de tous les biens, produits matériels, et services immatériels — les puissantes associations ouvrières ne tarderont pas à revendiquer l'établissement universel des libertés du travail et des échanges » (1).

De tous côtés, il semble donc que l'association du capital et du travail soit entrevue comme la forme transitoire et évolutrice de la tranformation du salariat en un régime de *travail associé*, qui tendra de plus en plus vers une sorte de régime coopératif, puisqu'il sera possible aux travailleurs, devenus capitalistes, de former entre eux des sociétés auxquelles ils apporteraient, en même temps, la main-d'œuvre et le capital.

1. *Gazette de Charleroi*, 3 juin 1909.

L'ASSOCIATION
DU CAPITAL ET DU TRAVAIL
ET L'OPINION

Le meilleur critérium pour apprécier la force d'une idée, c'est le succès qu'elle obtient, l'accueil que lui font de divers côtés ceux qu'intéressent les questions auxquelles elle se rattache : c'est le cas de l'idée de l'association du capital et du travail.

Jamais, avant les Jaunes, aucune doctrine sociale n'avait osé s'opposer directement au socialisme, en proclamant que le progrès social est lié au développement de la propriété individuelle, et que la conséquence logique de cette idée c'est la transformation du salariat en un régime de « travail associé », qui permet au travailleur l'acquisition, par son effort, d'une parcelle du capital ou de la propriété industrielle et commerciale.

Les Jaunes, par leurs organisations syndicales, leurs congrès, leurs journaux, ont donné un tel élan à cette idée, qu'aujourd'hui, de tous côtés, on la discute ou on l'adopte comme la seule barrière qui puisse être opposée au socialisme. C'est le cas des partis politiques, radicaux et radicaux-socialistes.

Le parti radical et radical-socialiste. — A ses congrès de Nancy, en octobre 1907, puis à Dijon, en 1908, le parti radical et radical socialiste déclara, pour la première fois, qu'il entendait défendre la propriété individuelle et même en faciliter l'accession à la « démocratie ». Il proclama sentencieusement que « la propriété individuelle, fondée sur le travail, doit être maintenue comme sacrée. »

L'Alliance républicaine démocratique. — Après lui, l'*Alliance républicaine démocratique* que préside M. Adolphe Carnot, s'emparait complètement de ces idées et, dans la circulaire qu'elle adressa à ses adhérents et comités en vue des élections générales de 1910, voici ce qu'elle entend par sa politique sociale :

Politique sociale

Notre politique sociale a pour but l'accession de plus en plus généralisée des travailleurs au capital et à la propriété.

Elle a pour moyen une législation qui, par les réformes dont l'énumération suit, sans bouleverser les bases de l'ordre social actuel, en atténue les inégalités, établit un lien entre les faibles et les forts, assure la protection légale des faibles, les droits de l'individu, la liberté du travail, conquête essentielle de la Révolution française, et subordonne les intérêts corporatifs à ceux de la souveraineté nationale :

« Elargissement de la capacité civile des syndicats professionnels ; lois sur la participation aux bénéfices, sur la coopération (production, consommation, crédit et construction), sur les sociétés anonymes de travail ou les sociétés à participation ouvrière — organismes fonctionnant déjà, qui transforment progressivement le travail salarié en travail associé, et rendent ainsi l'ouvrier copropriétaire de l'entreprise. »

L'*Alliance républicaine démocratique* n'a pas eu à faire beaucoup d'efforts pour s'assimiler un programme social qui sert admirablement ses intérêts politiques, puisqu'il lui permet de rassurer bien des partisans et de pouvoir dire qu'elle n'entend pas laisser au socialisme le monopole des intérêts des ouvriers.

Mais nous savons ce qu'il faut penser de la sincérité de ces promesses. Il nous paraît bien difficile à des partis politiques, dont les réalisations économiques et sociales se manifestent par le rachat des chemins de fer et des usines, de les concilier avec un programme social dont la base est l'accession des travailleurs au capital. L'*Alliance républicaine démocratique* a fourni la plupart des ministres du cabinet Clemenceau, dont M. Barthou, ministre des Travaux publics, et dans sa déclaration ministérielle, ce cabinet annonçait, après le rachat de l'Ouest, le rachat des mines.

« La loi du 21 avril 1810, qui organise le régime des mines, disait la déclaration ministérielle, n'est plus en harmonie avec les conditions économiques et sociales de notre époque. Vous serez appelés à la reviser. Le projet de loi que nous vous soumettrons aura pour objet essentiel de remettre à l'Etat les pouvoirs de contrôle dont il est dépourvu, soit en procédant à la déchéance des exploitations qui se refuseront aux mesures nécessaires de sécurité, soit en organisant *une procédure générale de rachat*, entourée de toutes les légitimes garanties dont chaque application sera déterminée par une loi particulière. »

Or, les rachats conduisent aux monopoles et ceux-ci, en mettant entre les mains de l'Etat la propriété industrielle, empêcheront ainsi la réalisation de l'accession des travailleurs au capital. A moins que l'Etat ne rachète les chemins de fer et les mines pour les mettre à la disposition de sociétés, coopératives en quelque sorte, formées par le personnel de ces compagnies.

Le rachat de l'Ouest et le projet Biétry. — Mais c'était là précisément le contre-projet, déposé par Pierre Biétry à la Chambre des députés au moment de la discussion du rachat de l'Ouest. On se souvient de l'accueil que lui firent le gouvernement et la majorité de la Chambre. Le projet Biétry était ainsi conçu :

Exposé des motifs

Le contre projet a pour but :

Au point de vue social :

1° *Faire passer dans la législation moderne le principe de l'accession des travailleurs à la propriété des entreprises auxquelles ils collaborent ;*

2° *Empêcher la formation des grands monopoles d'Etat, qui conduiraient le peuple vers un régime où tous les hommes seraient fonctionnaires, c'est-à-dire livrés à l'arbitraire du pouvoir exécutif ;*

3° *Activer dans la conscience de chaque citoyen des principes de responsabilité, d'initiative, de production, de liberté, qui ne peuvent se développer qu'à l'aide de la propriété individuelle.*

Au point de vue national :

1° Créer l'émulation des citoyens en leur donnant la possibilité de développer individuellement leurs facultés ;

2° Les attacher au sol natal, à la patrie et à ses lois par des intérêts autant matériels que moraux ;

3° Susciter les efforts individuels afin d'arriver au maximum de perfectionnement pour les particuliers et pour la collectivité.

Au point de vue financier :

1° Créer de nouvelles richesses en donnant aux capitaux une mobilité d'autant plus grande qu'ils sont en un plus grand nombre de mains ;

2° Intéresser le personnel et le public à la prospérité de l'exploitation, à l'entretien du matériel et à son perfectionnement, créer une émulation croissante dans toutes les formes de l'activité au lieu de laisser envahir le corps social par l'inertie inhérente aux sociétés dans lesquelles les individus n'ont aucun intérêt individuel, immédiat, au bon fonctionnement de tous les rouages.

Et le projet lui-même très simple tenait en ces quelques articles :

Projet de loi

Article premier. — Les divers réseaux de l'Ouest seront rachetés dans les six mois à partir du vote de la présente loi.

Art. 2. — Une nouvelle société sera formée pour l'exploitation de ces réseaux, sous le contrôle de l'Etat et avec son concours, par le personnel à tous les degrés actuellement au service de la compagnie.

Art. 3. — Une commission composée de 33 membres du Parlement, des délégués de chaque catégorie d'ouvriers et d'employés de la compagnie, nommés par leurs pairs au nombre de 3 délégués par catégorie, des fondés de pouvoir de la compagnie exploitante actuellement, des ingénieurs du contrôle de l'Etat, des ingénieurs de la compagnie et du ministre des finances, sera immédiatement nommée pour en étudier les moyens.

Le parti radical avait donc, le jour de la discussion de ce contre-projet, l'occasion de mettre en pratique le programme social que *l'Alliance républicaine démocratique* conseille à ses amis. S'il ne l'a pas fait, nous sommes en droit de dire qu'il lui sera impossible de réaliser ce programme. Les monopoles restreignent la quantité de propriété et de capital, accessible aux ouvriers ; il faudrait au contraire étendre chaque jour cette propriété. La politique économique des radicaux s'attache à la diminuer (1).

Le projet Briand. — Les actions de travail. — En même temps que les partis au pouvoir tentaient de s'approprier la doctrine des Jaunes, le gouvernement lui-même, peut-être pour masquer le danger de ses opérations de rachat, l'introduisait dans son programme social.

Au cours d'une interpellation sur des incidents qui avaient marqué les grèves de Draveil-Vigneux, le ministre de la Justice, M. Briand, prononça à la Chambre un discours important qui surprit beaucoup par l'évolution qu'il annonçait dans les conceptions sociales de ce récent grève-généraliste.

« En tous cas, disait-il, quel que soit notre programme, quelles que soient les réformes que vous abordiez demain, sur le terrain des libertés syndicales, permettez-moi de vous le dire, ce qu'il faut

1. La preuve de ce fait réside dans la troisième résolution adoptée par le parti au Congrès de Dijon en 1908 :

« Si, pour la constitution et la conservation d'une propriété individuelle, toute intervention personnelle, tout travail et tout effort du propriétaire ont cessé d'exister, *cette propriété* dite capitaliste, *peut et doit être reprise par la collectivité.* »

Voilà comment la doctrine sociale des radicaux explique les rachats.

faire, c'est donner de la vie à ces organisations, c'est les remplir d'activité. Elles sont comme ces tout petits enfants qui veulent accomplir un acte disproportionné avec leurs forces : ils ne peuvent réaliser leur effort et alors, prenant subitement conscience de leur faiblesse, ils se roulent dans des convulsions impuissantes.

« De même la classe ouvrière, avec un idéal généreux, est mal dirigée, mal orientée ; la loi est insuffisante, elle a mal réglé le statut des unions de groupements ; elle n'a pas d'éléments pour occuper cette activité bouillante. Donnez-en à la classe ouvrière ! Donnez-lui la faculté de gérer les grands intérêts collectifs ! Appelez-la à la propriété, et vous l'assagirez ! » (*Vifs applaudissements à gauche, au centre et à droite.*)

Ce discours valut à M. Briand, de la part de ses anciens amis, les socialistes, d'être traité de « Jaune » dès le lendemain. Quelques mois plus tard, dans une interview publiée par un journal du matin, M. Briand confirmait les déclarations qu'il avait faites à la Chambre. Il indiquait comment il entendait la réalisation de ce programme : par la création de *sociétés à participation ouvrière*. Et quelques jours plus tard, dans la *Revue* (1), deux de ses collaborateurs, MM. Antonelli et Parsons,

_____

1. *La Revue*, 15 mai 1909.

publiaient un article : « Entre le capital et le travail » et nous exposaient les idées de M. Briand sur la question. Il fallut déchanter, car, nous le verrons tout à l'heure, le projet était bien d'inspiration socialiste : la propriété individuelle n'est pas accordée aux ouvriers. Voici d'ailleurs le texte de l'article lui-même.

Qu'est-ce que la Société à participation ouvrière ?

« C'est, en la forme, une société anonyme à laquelle s'appliquent toute les règles des sociétés de ce genre sous les réserves suivantes :

1° L'apport-capital et l'apport-travail, agents indispensables de toute production économique, y donnent naissance à deux sortes d'actions, *actions de capital et action de travail* créant à leurs possesseurs des droits identiques pendant toute la durée de la société. *Toutefois, lors de la dissolution, l'actif social n'est réparti entre tous les actionnaires qu'après l'amortissement intégral des actions de capital ;*

2° Le nombre des actions de travail est déterminé par les statuts. *Les actions sont la propriété collective de tous les salariés actifs de la société, y travaillant depuis un certain temps et d'une façon permanente. Tant que la société existe, chaque tra-*

vailleur, considéré isolément, n'a aucun droit à la propriété des actions de travail.

La part *des bénéfices annuels,* ou de *l'actif social au cas de dissolution, revenant aux actions de travail,* est répartie entre tous les salariés proportionnellement à leur salaire annuel ;

3° Des représentants de la collectivité ouvrière à l'assemblée générale des actionnaires — dans la proportion statuaire, d'après le nombre des actions — sont élus chaque année, par les salariés : chacun d'eux disposant d'un nombre de voix proportionnel à son salaire ; le salaire le plus bas servant d'unité ;

4° Le conseil d'administration comprend nécessairement, pour un quart au moins, des représentants de la collectivité ouvrière propriétaire des actions de travail.

Ces représentants peuvent être choisis en dehors du personnel de l'entreprise parmi les membres des syndicats ouvriers représentés dans ce personnel ;

5° Toute société en formation et qui désirera prendre la qualification de société à participation ouvrière avec les avantages légaux et fiscaux y attachés ne pourra émettre aucune espèce de titres avant l'approbation de ses statuts donnée par le président du tribunal civil du lieu où sera établie le siège social, après avis des syndicats ouvriers intéressés dans les entreprises similaires. »

Tout l'intérêt de ce projet réside dans le paragraphe 2, or, il n'institue pas l'accession à la propriété, puisque les *actions de travail* représentent une propriété collective dont les salariés ne pourront jouir qu'en cas de dissolution de la société. De nos jours, et il faut le souhaiter dans l'intérêt national, les grandes entreprises industrielles survivent à plusieurs générations de travailleurs, et bien des ouvriers atteindront leur retraite sans avoir jamais connu, avec le projet Briand, les joies de la propriété. En réalité ce projet instituerait légalement la participation aux bénéfices dont les actions de travail serviraient à déterminer la proportion qui reviendrait annuellement aux ouvriers.

Nous avons indiqué plus haut pourquoi nous ne pensions pas qu'il fût possible, même par ce chemin détourné, de légaliser la participation aux bénéfices. Mais ce qui surprend le plus dans ce projet, c'est cette combinaison qui laisse intacte la propriété capitaliste et qui ne veut pas permettre à l'apport-travail de goûter les bienfaits moralisateurs de la propriété individuelle.

C'est là une pensée matérialiste, étroite et bien socialiste. Et puis, comment estimera-t-on la valeur de l'apport-travail? La loi établira-t-elle une règle fixe ? S'il en est ainsi elle sera inapplicable, parce que le rôle des facteurs qui concourent à la production varie avec les industries. Telle entreprise

nécessitera peu de capital et en même temps em-
ploiera une main-d'œuvre assez importante, .tandis
que dans les industries qui traitent des matières
premières soumises à la spéculation, souvent les
bénéfices ne sont pas dus à la collaboration de
l'*apport-capital* et de l'*apport-travail*, mais à des
marchés heureux passés par le patron ou la direction tandis qu'à l'usine on travaillait à perte.

Nous ne croyons pas que cet espoir d'un partage
lointain et très improbable de l'actif social de la
société soit pour les travailleurs le stimulant que
les auteurs de ce projet voudraient y trouver.

La participation aux bénéfices a fait ses preuves :
son influence morale sur les ouvriers est presque
nulle, si elle n'a pour but que de procurer à la fin de
l'année à l'ouvrier une sorte de gratification. Elle
ressemble trop à une charité, même quand elle est
établie d'après des règles fixes, et bien souvent aujourd'hui l'ouvrier croit qu'elle sert à masquer des
bénéfices considérables pour le patron.

Ce qu'il faut au travailleur, au salarié, c'est une
propriété palpable, tangible et bien personnelle. Et
comme cette propriété est susceptible d'augmenter
parallèlement à l'effort produit, la puissance de pro-
ductivité sera considérablement accrue de ce fait :
d'où amélioration constante de la condition du travailleur dans l'usine, augmentation des bénéfices de
l'entreprise, diminution des frais généraux, etc. etc.

Le projet Briand prévoit aussi la juste collaboration des ouvriers à la direction de l'entreprise. Mais de quel poids serait dans un conseil d'administration l'intervention de travailleurs qui ne représenteraient souvent qu'une propriété fictive ou tout au moins restreinte ; tandis que la représentation au conseil d'administration de travailleurs, actionnaires au même titre et sous les mêmes formes que les capitalistes, devient une chose naturelle.

Le projet Justin-Godart. — Les actions de jouissance du travail. — L'initiative de M. Briand nous aura valu au moins d'en susciter d'autres. C'est ainsi que M. Justin Godart, député du Rhône, a déposé sur le bureau de la Chambre le 29 mai 1909, un projet de loi tendant à la création d'*actions de jouissance du travail.*

La proposition n'est, en somme, qu'une modification de la loi sur les sociétés anonymes.

La voici d'ailleurs intégralement.

Article premier. — Sont incorporés à la loi du 24 juillet 1867 sur les sociétés, modifiée par la loi du 1er août 1893, sous un titre VI, dit « Du fonds de réserve et des actions de jouissance » avec les numéros 72 à 80, les articles suivants :

Art. 72. — Il est fait annuellement sur les bénéfices nets de toute société anonyme ou en commandite par actions, à l'exception des sociétés à capital variable, un prélèvement d'un dixième au moins, dont moitié sera affecté à la formation d'un fonds de réserve et moitié à l'amortissement des actions.

La totalité du prélèvement légal devra être consacrée à cet amortissement lorsque le fonds de réserve aura atteint le dixième du capital social.

Art. 73. — L'amortissement a lieu par voie de tirage au sort. L'amortissement par achat et annulation de titre est interdit.

Art. 74. — En remplacement de chaque action amortie seront créées deux actions de jouissance.

L'une, dite action de jouissance du capital, sera remise en échange de son titre ancien au porteur de l'action amortie.

L'autre, dite action de jouissance du travail, sera délivrée à la *Caisse nationale de crédit au travail* au nom de laquelle elle sera immatriculée.

Art. 75. — Si la liquidation de la société intervient avant que toutes les actions de capital soient amorties, on procédera avant toute répartition du boni de liquidation à l'amortissement complet des actions et le reliquat sera réparti moitié au capital initial, moitié à la Caisse nationale de crédit au travail.

Art. 76. — Les actions de jouissance du capital et les actions de jouissance du travail sont d'égale valeur et confèrent les mêmes droits.

Art. 77. — Les porteurs d'actions de jouissances sont, dans les mêmes conditions que les porteurs d'actions de capital, admis aux assemblées générales.

Art. 78. — Le droit de prendre part aux assemblées générales attaché aux actions de jouissance du travail est exercé par autant de salariés de la société qui les a émises que le nombre d'actions permet d'en désigner. Ces délégués sont élus par les salariés de la société dans la forme que détermine un règlement d'administration publique et sur l'initiative de la Caisse nationale de crédit au travail.

A défaut de délégués élus, les administrateurs de la Caisse nationale de crédit du travail mandatent, pour prendre part aux assemblées, les conseillers prud'hommes ouvriers appartenant à la catégorie professionnelle à laquelle se rattache la société et faisant partie du Conseil de prud'hommes le plus rapproché du siège de ladite société.

ART. 79. — Les sociétés par actions étrangères qui ont, en France, des exploitations ou établissements sont, à dater de la sixième année de leur existence, frappées, au profit de la Caisse nationale de crédit au travail, d'une taxe spéciale annuelle s'élevant à 10 francs par salarié employé, à moins qu'elles ne pratiquent l'amortissement de leurs actions dans les conditions prévues au présent titre:

Cette taxe est recouvrée comme un impôt d'Etat.

ART. 80. — Les gérants et administrateurs des sociétés par actions sont solidairement responsables de toutes dissimulations, fraudes ou infractions aux dispositions du présent titre.

La Caisse nationale de crédit au travail exerce toutes actions utiles en justice pour poursuivre la réparation du dommage qui pourrait être causé par les dissimulations, fraudes ou infractions aux droits du travail établis par le présent titre.

Art. 2. — L'article 36 de la loi du 24 juillet 1867 sur les sociétés est abrogé.

Deux particularités distinguent ce projet : d'abord il ne considère possible la participation des ouvriers au capital qu'après l'amortissement du capital social primitif; ensuite, au moment d'organiser cette participation, il estime que les ouvriers ne seraient sans doute pas capables de gérer leurs capitaux et il institue pour les recevoir une *Caisse nationale de crédit au travail* à laquelle seront attribués « la propriété et les revenus des actions de jouissance du travail ».

Le projet Godart, à l'encontre du projet Briand, reconnaît les risques du capital à l'origine d'une affaire. Il estime que la participation des ouvriers aux bénéfices ne pourra avoir lieu qu'après le remboursement aux actionnaires du capital versé. A ce moment l'actif social serait divisé en actions de jouissance dont une partie irait aux actionnaires, proportionnellement au capital engagé par eux au début, et l'autre part... non pas aux ouvriers, mais à la Caisse nationale de erédit au travail, qui serait chargée de le reverser à la collectivité suivant des règles que nous indiquerons tout à l'heure.

Pour justifier son projet, M. Justin Godart suppose donc *a priori* que dans toute entreprise on réalise des bénéfices suffisants pour permettre en même temps la distribution de dividendes et le remboursement du capital. Ce n'est pas là une situation exacte. Bien des sociétés, en effet, distribuent des dividendes à leurs actionnaires longtemps avant de songer à la constitution d'un fonds de remboursement, parce que le capital, afin de pouvoir exercer son action créatrice de travail, a besoin d'être encouragé par une rémunération. En outre, une société qui distribue des dividendes acquiert plus de crédit sur le marché, elle peut ainsi étendre ses affaires sans pour cela avoir la possibilité de songer au remboursement de son capital. Basée sur ce fait, la proposition Godart risquerait, pour un grand nombre de sociétés, de rester lettre morte. En tout cas, pendant tout le temps que mettra une société à rembourser son capital, les travailleurs qu'elle emploie resteront des salariés. Ils pourraient le rester longtemps.

D'ailleurs, une fois le capital remboursé, les salariés de la société « Godart » seraient toujours des salariés. Remarquez comment dans cette proposition et celle de M. Briand, leurs auteurs se sont ingéniés à écarter l'ouvrier de la propriété individuelle. Dans le projet Briand, l'inspiration socialiste se révélait par l'idée de la constitution d'un bien commun de mainmorte et inutilisable par ses soi-disant propriétaires, pendant la durée de la société.

Dans le projet Godart, domine l'inspiration étatiste. Le député du Rhône appartient d'ailleurs au parti radical socialiste.

Et, comme si nous n'avions pas encore assez de fonctionnaires, il propose la création d'une *Caisse nationale de crédit au travail*.

Voici comment M. Godart explique sa création :

L'amortissement de chaque action de capital donnera lieu à la création de deux actions de jouissance ; l'une sera remise au porteur de l'action amortie ; l'autre, dite action de jouissance du travail, sera la propriété du travail.

Mais où trouver le travail pour lui remettre ses actions ? A qui les attribuer ? Les ouvriers de la première heure ont disparu, ceux le l'heure présente ne seront plus ceux de demain. Comment donner à chacun ce qui peut lui revenir ?

En présence de l'instabilité des travailleurs, il faut créer un organisme représentant leurs intérêts collectifs et qualifié pour gérer leur portefeuille d'actions de jouissance.

Il nous a paru qu'on ne pouvait mieux attribuer la propriété et les revenus des actions de jouissance du travail qu'à une Caisse nationale de crédit au travail.

Il importe, en effet, que les capitaux venus de la production y retournent de suite, qu'ils ne soient point retirés de l'activité, et ne constituent pas une sorte de bien de mainmorte qui ne contribuerait pas sans cesse à la prospérité générale.

A cet effet, tous les revenus des actions de jouissance et aussi toutes les sommes qui proviendront de la liquidation des sociétés qui les auront émises devront être, chaque année, employés intégralement.

De quelle façon ? En permettant aux travailleurs, précisément, de sortir de la condition de salariés, et de conquérir leur indépendance par la réunion en leur possession des deux agents de la production, le capital et le travail. Groupés dans des associations coopératives,

6

ayant à leur disposition de par la Caisse de crédit au travail les capitaux nécessaires, ils développeront, parallèlement aux sociétés capitalistes, les sociétés ouvrières et réaliseront leur émancipation économique.

Voilà quelque chose de bien compliqué, et même bien dangereux pour la propriété ouvrière.

La gestion par l'Etat des capitaux venus de la production et destinés à y retourner, nous est très suspecte. Les exemples fournis par la gestion de la Caisse nationale des retraites nous laisse à penser que celle de la Caisse Godart ne serait pas meilleure.

D'une façon générale, les capitaux gérés par l'Etat disparaissent peu à peu, comme les capitaux des retraites des invalides de la marine par exemple, absorbés par des emprunts que l'Etat néglige de rembourser. La Caisse nationale des retraites qui gère des capitaux considérables est en déficit (1) depuis plusieurs années, alors que des sociétés

---

1. Du 11 mai 1851 au 31 décembre 1906, la Caisse nationale a touché en versements à capital aliéné, c'est-à-dire en versements destinés à constituer le capital alimentaire des retraites ouvrières.

Versements collectifs par des compagnies ou sociétés	343.472.002 fr.	64
Versements individuels par ouvrier . .	325.379,126	20
Au total	668.851.128	84

Ainsi, de 1851 au 31 décembre 1906, la Caisse nationale a

d'assurances privées arrivent à réaliser des bénéfices.

En réalité, le projet Godart, s'il était adopté aujourd'hui, ne pourrait produire d'effets que dans un temps très difficile à prévoir, et les ouvriers dont les actions permettraient la constitution d'une Caisse de crédit au travail n'en goûteraient jamais les résultats, d'ailleurs très problématiques.

Si les actions de jouissance de M. Godart doivent donner droit à un revenu, pourquoi ne pas laisser aux ouvriers eux-mêmes le soin de gérer ces revenus, de les accumuler et de racheter avec eux les actions de jouissance du capital.

Ils deviendraient ainsi, sans violence et sans atteinte à la propriété d'autrui, les propriétaires intégraux de leurs instruments de travail.

Cette pensée ne pouvait venir à M. Godart. Nous

touché, à capital aliéné, comme aliment des retraites ouvrières, 608.851.128 fr. 84.

(Rapport de la commission supérieure de la Caisse nationale des retraites : année 1906. — Etat, n° 5, p. 28.)

Malgré ces versements considérables, la Caisse nationale des retraites n'a pas pu faire ses affaires, puisque du bilan présenté par M. Cuvinot, président de la Caisse et par M. Bouffet, rapporteur au Président de la République, il résulte qu'au 31 décembre 1906, la Caisse nationale présentait un excédent passif de 6.858.235 fr. 50.

Qu'au 31 décembre 1906, la Caisse nationale présentait un excédent de passif de 10.032.772 fr. 19.

(Rapport de la commission supérieure de la Caisse nationale des retraites ; année 1906, p. 28.)

avons montré dans notre chapitre pourquoi les politiciens redoutaient l'organisation et l'accession du *quatrième Etat à la propriété individuelle*. C'est pour empêcher la formation de cette puissance, évidemment dangereuse pour les politiciens, que M. Godart a songé à détourner son bien, sa propriété, ses capitaux dans une caisse d'Etat. Mais il faut espérer que les travailleurs pourront un jour se passer de la tutelle des politiciens et faire leurs affaires eux-mêmes. Il est nécessaire qu'ils évitent les pièges que les projets Briand et Godart voudraient leur tendre et qu'ils réclament leur part des richesses sous la forme de la propriété individuelle personnelle et non du bien commun indivis.

Le projet Mildé. — Auparavant un projet d'association du capital et du travail avait été exposé en 1907 dans le *Monde Economique* par un grand patron, M. Mildé :

Quand nos législateurs auront fait aboutir le projet de retraite en faveur des travailleurs, nous aurons déjà fait un grand pas dans l'œuvre de pacification sociale; mais il restera mieux à faire : c'est de réaliser un moyen pratique pour assurer *la part du travail dans son association avec le capital.*

Ainsi parle M. Mildé qui préconise, pour assurer cette association, *la participation aux bénéfices.* Mais il se rend compte du peu d'empressement que mettraient les patrons à appliquer chez eux cette participation et M. Mildé réclame l'intervention de l'Etat, qui pourra s'exercer seulement sur les sociétés anonymes, « là où il y a concession publique, là où existe un privilège accordé par la commune, le département où l'Etat ».

M. Mildé espère ainsi que, par voie de concurrence, les patrons qui n'établiraient pas chez eux la participation aux bénéfices ne pourraient pas continuer à lutter commercialement contre les sociétés industrielles qui auraient adopté le système.

Pour les compléter, M. Mildé expose comment se ferait la participation.

A la fin de chaque année, il serait prélevé une somme nécessaire pour faire face au paiement d'un intérêt légal en faveur du capital, ainsi que pour son amortissement et la création d'une réserve légale. Le surplus des bénéfices serait partagé par moitié entre le capital-action et le travail.

Mais tant que le capital n'aurait pas été remboursé entièrement, le travail recevrait sa part non en espèces, mais en titres dénommés : actions de travail.

Les titres seraient nominatifs, inaliénables, et recevraient dès leur origine le même intérêt à 5 o/o que l'action de capital.

Il ne pourrait être mis au porteur et cessible qu'après l'amortissement complet du capital-action.

Lorsque ce fait serait réalisé, c'est-à-dire que toutes les actions de capital auraient été transformées en actions de jouissance, les titres de travail au porteur posséderaient les mêmes a , antages et les mêmes droits que les actions de jouissance, — à ce moment de la vie sociale de l'entreprise, l'emploi des bénéfices s'établirait de la façon suivante :

Il serait prélevé tout d'abord la somme suffisante pour former 5 o/o d'intérêt aux actions de jouissance et de travail ; le surplus des bénéfices serait partagé en deux parts égales :

Une part pour *exproprier*, par voie de tirage au sort, les actions de jouissance (valeur de l'émission) et de travail au porteur.

L'autre part serait acquise à la participation aux bénéfices pour la création de nouvelles actions de travail mises immédiatement au porteur.

De telle sorte que les actions de capital, outre les intérêts et dividendes reçus, auraient toujours été *au double* de la valeur d'émission, et l'action de travail au montant de sa valeur nominale représentant sa participation dans les bénéfices.

Au moment de la liquidation sociale, les derniers possesseurs de titres sont donc légitimement propriétaires et se partagent l'actif.

Mais avant que se produise cette liquidation, des générations de travailleurs auront été mêlées successivement à la fortune de l'entreprise en en prélevant leur part : elle sera devenue, pendant un laps de temps leur propriété par expropriation légitime des capitalistes précédents qui auront été satisfaits et qui ne pourront former obstacle aux espérances des couches suivantes de travailleurs. Le plus ou moins de prospérité de l'affaire entre les mains des travailleurs, sera donc le résultat de la sagesse de leur gestion.

On ne peut nier que ce projet soit très compliqué. Mais il faut rendre hommage à la pensée de son auteur qui n'a pas craint de déclarer que le régime du salariat devait faire place à celui du *travail associé*.

Le projet Périssé. — Dernièrement, un ancien industriel, M. S. Périssé, a publié une brochure où il expose son avis sur l'association du capital et du travail qu'il préconise, et à laquelle il veut arriver par une répartition des bénéfices « d'après les services rendus, c'est-à-dire au prorata des salaires prélevés en cours d'exercice par les personnes, capitalistes, employés et ouvriers, représentant les trois facteurs de la production.

« Cette répartition, tenant compte de l'importance relative des éléments de la production, donnerait aux travailleurs manuels la plus grosse part dans les bénéfices ; elle serait, dans la presque totalité des cas, bien supérieure aux deux parts totalisées revenant au capital et aux travailleurs intellectuels.

« Une objection capitale est faite au sujet de cette répartition des bénéfices entre le capital et le travail. Peut-on avoir droit à une part des bénéfices si on ne supporte pas ou si on ne peut supporter la même part dans les pertes ?

« Toute affaire industrielle a en vue d'obtenir des bénéfices, mais ils ne sont pas toujours obtenus. Il n'arrive que trop souvent que l'exploitation, troublée par des événements imprévus, donne une perte à la fin de l'exercice au lieu du bénéfice attendu. Quel est, parmi les trois facteurs de la production, celui qui supporte les pertes dans le régime actuel. C'est le capital seul qui s'amoindrit et parfois s'anéantit, alors que les deux autres facteurs, le travail intellectuel et le travail manuel ont prélevé chacun leur salaire sans encourir aucune responsabilité.

« C'est pour lever l'objection que nous proposons de prélever une part importante, le tiers ou la moitié, sur les bénéfices revenant aux travailleurs à titre de garantie contre les pertes. Deux systèmes sont en présence : ou bien ce prélèvement de un tiers appartiendrait au capital, à titre de prime d'assurance contre les pertes, mais alors celles-ci seraient entièrement supportées par lui ; ou bien, et ce serait mieux, ce prélèvement de moitié resterait la propriété des travailleurs pour constituer deux fonds de réserve qui joueraient, au moment de l'inventaire annuel, soit pour s'augmenter par un nouveau versement jusqu'au chiffre minimum convenu, soit pour diminuer si l'exercice se traduisait par une perte. Dans ce deuxième système, les travailleurs seraient en état de supporter leur part de pertes éventuelles, mais jusqu'à concurrence seulement du chiffre des réserves au moment de l'inventaire. L'objection ci-dessus serait ainsi en partie levée. Elle ne pourrait plus être faite lorsque la réserve serait complète, égale par exemple au montant des actions de capital à leur valeur nominale.

« Ainsi donc, la répartition des bénéfices nets, après versement à la réserve légale, et après le prélèvement hors part du tant pour cent attribué aux administrateurs, se ferait au prorata des salaires prélevés en cours d'exercice. Les capitalistes prélèveraient leur part à titre de dividende ; elle serait augmentée de la prime d'assurance contre les pertes si on adoptait le premier des systèmes dont il vient d'être parlé. Les travailleurs verseraient soit le tiers au capital à titre de prime assurance, soit la moitié au fonds de réserve, si dans les contrats collectifs intervenus on adoptait le deuxième des systèmes, bien préférable à tous les points de vue. Le restant de la part des bénéfices des travailleurs serait versé au crédit de leurs comptes individuels, dont chacun d'eux aurait la libre disposition, sauf les retenues pour les versements à faire à la Caisse des retraites et autres caisses de mutualité et de prévoyance.

« Le capital social se trouvera augmenté par les deux fonds de réserve appartenant aux travailleurs ; chacun de ces fonds sera représenté par des actions ou plutôt des coupures d'actions, spéciales, inaliénables, jouissant des mêmes avantages que ceux attribués aux actions de capital, intérêt annuel, dividende et délibérations des assemblées générales, auxquelles assisteraient les délégués des intellectuels et des manuels, avec un nombre de voix proportionnel au nombre des actions. *Ce ne serait qu'en fin de société que ces actions des travailleurs seraient partagées entre ceux qui seront présents au moment de la liquidation.*

« L'administration de la société (anonyme) appartiendrait à un conseil élu périodiquement dont les pouvoirs de gestion seraient les mêmes que ceux attribués égale ent aux conseils d'administration des sociétés anonymes, mais la composition et le mode d'élection seraient différents. Les trois facteurs de la production seraient représentés. Le capital aurait à élire la majorité des membres, soit les trois cinquièmes ; un cinquième serait élu par les employés commissionnés ; l'autre cinquième par les ouvriers. Ne seraient électeurs et éligibles que les employés ou les ouvriers ayant plus de vingt-cinq ans d'âge et attachés à l'établissement depuis un temps minimum à déterminer. Le conseil serait complété par un membre, le directeur, faisant fonctions d'administrateur délégué, élu par le conseil et toujours révocable par lui. Ainsi le Conseil d'administration serait composé de 6, 11 ou 16 membres, etc., selon l'importance de la société. On peut dire que les intellectuels seraient ainsi non seulement le tampon entre le capital et les ouvriers, mais ils en deviendraient le trait d'union.

« Le capital doit avoir la majorité pour plusieurs raisons : il supporterait les pertes que les fonds de réserve, incomplètement constitués, ne pourraient supporter ; il ne peut pas se retirer de la société, sauf le cas de son expiration ou de sa dissolution, prévue aux statuts, tandis que les employés et les ouvriers gardent leur liberté ; il faut enfin lui donner de la sécurité au point de vue de la bonne gestion, afin de le faire venir à l'industrie ; sinon il irait ailleurs trouver un placement plus sûr et moins aléatoire. »

Le projet de M. Périssé n'a qu'un défaut, et le plus grave à nos yeux, c'est précisément de ne pas aboutir à la constitution d'une propriété individuelle pour les ouvriers. Les travailleurs, après avoir participé aux bénéfices, ne participeraient au capital qu'en fin de société, c'est-à-dire peut-être jamais. C'est comme dans le projet Briand. M. Périssé reconnaît que ce ne pourrait être qu'une période transitoire « qui séparera le régime actuel de l'industrie, du régime futur basé sur la copropriété des instruments de travail entre tous les éléments de la production ». Mais pourquoi cette période transitoire ? Et comment serait-elle limitée ?

Cependant la hardiesse des idées émises par M. Périssé, en dehors de ce point particulier : l'accession à la propriété individuelle, que nous considérons comme le plus essentiel, devait être signalée, d'autant plus qu'elles ont été formulées par un ancien patron. M. Périssé a démontré l'impuissance de la participation aux bénéfices (1), mais il n'a pas osé aller jusqu'à l'association absolue du capital et du travail, jusqu'à l'ouvrier actionnaire dans les mêmes conditions de responsabilité que l'actionnaire capitaliste. Son étude offre cependant un intérêt considérable par ce fait que l'auteur s'est efforcé d'établir mathématiquement la part de bénéfice qui doit revenir à chacun des facteurs de la production. Nous avons dit combien il était difficile d'évaluer cette répartition, mais néanmoins nous croyons intéressant de publier les résultats des calculs de M. Périssé:

« Nous avons calculé, d'après les chiffres de plusieurs exploitations industrielles, quel serait le tant pour cent des bénéfices nets revenant à chacun, après prélèvement, hors part, par l'administrateur délégué et les autres administrateurs, d'un tant pour cent convenu. Nous avons trouvé qu'en moyenne la proportion des salaires perçus et le tant pour cent des bénéfices seraient :

        Pour les capitalistes......   28 o/o
        Pour les intellectuels......   12 o/o
        Pour les manuels..........   60 o/o
                                        ———
                                        100

1. *Le Temps*, 11 septembre 1909.

Dans le premier système, un tiers serait prélevé par le capital sur la part des travailleurs, à titre de prime d'assurance contre les pertes; les proportions deviendraient les suivantes :

Les capitalistes prélèveraient.. $28 + 72/3 = 52$
Les intellectuels............. $12 - 12/3 = 8$
Les manuels................. $\underline{60 - 60/3 = 40}$
$100 \qquad 100$

Dans le deuxième système, constitution contre les pertes de deux fonds de réserve appartenant aux travailleurs, alimentés par la moitié des bénéfices leur revenant, les prélèvements effectifs seraient :

Par les capitalistes...................... $.28$ o/o
Par les intellectuels. $1/2$ de 12 o/o .. 6 o/o
Par les manuels..... $1/2$ de 60 o/o .. 30 o/o
Fonds de réserve..................... $\underline{36}$ o/o
100

Grâce à la constitution du fonds de réserve dont le maximum à défaut de convention sera le chiffre du capital, non pas à sa valeur réelle, mais à sa valeur nominale, les travailleurs deviennent responsables des pertes, ce qui légitime aussi leur part de gestion par l'entrée de leurs représentants au conseil d'administration.

De sérieux avantages sont attachés au régime que nous proposons.

Le capital social se trouverait mieux garanti à tous les points de vue. Il serait augmenté par les actions travail, du fonds de réserve, de sorte que tout nouvel appel de fonds que l'accroissement des affaires des sociétés prospères les oblige de faire, deviendrait ainsi inutile. La concordance des intérêts imprimerait à l'affaire une marche plus sûre, plus stable; elle stimulerait les efforts des travailleurs pour le profit commun, d'où résulterait une augmentation des bénéfices, et enfin elle supprimerait la plupart des causes de grèves ruineuses pour tous.

Le sort des travailleurs serait sérieusement amélioré. D'abord ils toucheraient, pour en disposer à leur gré, une part des bénéfices relativement très importante à la fin de chaque exercice, et en nous plaçant dans le deuxième système qui nous paraît le meilleur, les travailleurs deviendraient successivement et légitimement copropriétaires du fonds social. Les *actions-travail* créées en représentation des fonds de réserve auraient la même origine que les *actions-capital;* ce serait bien du *travail accumulé, mis en réserve.*

En fait, quelles que soient les imperfections, quels que soient les dangers de ces projets, ils marquent une tendance nouvelle vers la transformation du salariat et du capitalisme que préconisent les Jaunes. Le courant est aujourd'hui bien établi et les tentatives nombreuses sont faites tous les jours pour appliquer ces idées.

Les événements sociaux de ces dernières années ont montré la nécessité de cette transformation, qui recueillit l'approbation de compétences indiscutées.

C'est ainsi qu'à la dernière distribution des récompenses aux employés et ouvriers des deux sexes du commerce et de l'industrie des tissus et des matières textiles, dont l'association fut fondée en 1848, M. Ricois, directeur des grands magasins du Bon Marché, y donnait son adhésion :

Nous devons, sans nous lasser, rechercher les moyens propres à améliorer la situation de la classe ouvrière et à atténuer l'acuité des conflits trop fréquents qui se produisent entre le capital et le travail. *Je persiste à croire que la solution réside dans les facilités de plus en plus grandes à donner aux employés et aux ouvriers pour leur permettre, dans l'avenir, de posséder une fraction quelconque du patrimoine social. La participation aux bénéfices, avec les modalités différentes qu'elle comporte, la cession de parts payables dans certaines conditions à déterminer,* ne peuvent qu'aider au développement de l'esprit d'ordre et d'économie que nous devons tous désirer voir se manifester chez ceux que le sort a moins favorisés et faire disparaître ces ferments de discorde qui sont trop souvent le prélude de difficultés sans nombre (1).

Quand nous aurons mis sous les yeux du public, dans la deuxième partie de cet ouvrage, les nombreuses applications de cette doctrine, réalisées par des patrons clairvoyants, nous ne doutons pas que nous ayions convaincus nos lecteurs des bienfaits de l'association du capital et du travail dans la propriété. Nous n'avons pas la prétention d'indiquer

1. Discours prononcé au grand amphithéâtre de la Sorbonne, le 26 mai 1909.

ce système comme une panacée, comme une solution définitive de la question sociale. Mais nous prétendons que par lui bien des difficultés s'aplaniront d'elles-mêmes, bien des problèmes se résoudront presque automatiquement, comme l'épargne, l'assurance et les retraites ouvrières.

Et notre humble avis n'est rien à côté des affirmations de ceux qui, comme le regretté Georges Livesey, président de la « South Metropolitan gas Company » de Londres déclarait que « la participation, le travail associé, est le seul règlement sûr et certain de la question du capital et du travail. Quand je dis qu'il a provoqué une amélioration saisissante et constante de l'état des relations entre l'employeur et l'employé; que la situation de l'employé dans la compagnie s'élève sensiblement, à mesure que sa portion de capital augmente et devient meilleure qu'au temps où il n'était qu'un numéro quelconque; que, à de rares exceptions près, quand l'un d'eux pense qu'il a un grief à formuler, il n'a jamais été difficile de le régler d'une manière satisfaisante; je me sens justifié pour dire que le principe est juste. Participation est synonyme de camaraderie, fraternité en affaires.

C'est là le but que nous devons atteindre (1). »

1. Adresse aux employés de la South Metropolitan Company, juillet 1908.

AUTRES FORMES D'ACCESSION
A LA PROPRIÉTÉ

Si la participation au capital est appelée à transformer le régime du salariat, il ne faut pas perdre de vue que d'autres formes de propriété doivent être accessibles aux travailleurs, telles que la maison d'habitation, et plus spécialement pour les travailleurs agricoles le coin de terre, la petite propriété rurale. Déjà fort heureusement le législateur français s'est préoccupé de faciliter aux travailleurs l'accession à ces diverses formes de propriété.

Les habitations à bon marché. — Il est assez naturel que l'on ait songé tout d'abord à procurer au travailleur une maison propre et confortable. L'ouvrier ne possède pas toujours les moyens de faire construire et pour se loger il est le plus souvent obligé de prendre ce qu'il trouve, d'aller au meilleur marché. Dans ces conditions, trop souvent encore, les ouvriers, surtout en ville, habitent de véritables taudis, mal aérés, de construction trop ancienne pour qu'ils puissent être propres. La pensée des promoteurs de la loi votée à la Chambre le 25 mars 1893, était surtout guidée par le souci d'apporter plus de salubrité dans le logement ouvrier. D'étapes en étapes, cette législation s'est complétée par l'accession à la propriété.

L'article 1 de la loi votée le 25 mars 1893 était ainsi conçu :

ARTICLE PREMIER. — En vue de favoriser la construction de logements salubres et économiques, il pourra être établi dans chaque département un ou plusieurs comités des habitations à bon marché.

Ces comités ont pour mission d'encourager la construction de maisons salubres et à bon marché destinées à être louées aux employés, artisans, ouvriers industriels et agricoles, ou à leur être vendues soit au comptant, soit par paiements fractionnés.

Ils peuvent faire des enquêtes, ouvrir des concours d'architecture, distribuer des prix d'ordre et de propreté, accorder des encouragements pécuniaires et plus généralement employer les moyens de nature à provoquer les initiatives en faveur de la construction ou de l'amélioration des maisons ouvrières.

La loi autorise la Caisse des dépôts et consignation, la Caisse nationale des retraites, la Caisse d'assurances en cas de décès, la Caisse nationale d'épargne et les Caisses d'épargnes ordinaires, à utiliser une partie de leurs fonds disponibles en prêts hypothécaires ou obligations de sociétés ayant pour objet la construction de maisons à bon marché.

L'article 10 de cette loi indique les dérogations qui peuvent être apportées aux dispositions du Code civil en cas d'occupation d'une maison individuelle par le défunt, au moment du décès si la maison est dévolue aux descendants.

L'indivision si, parmi les ayants droit, se trouvent un ou plusieurs mineurs, peut être maintenue jusqu'à leur majorité. L'un des héritiers a la faculté de reprendre la maison sur estimation, soit qu'il ait été désigné par le défunt, soit au tirage au sort.

Ces dernières dispositions de la loi étaient destinées à empêcher le morcellement immédiat de la propriété familiale. C'était déjà un acheminement vers le *homestead*.

Le 28 novembre 1894, la Chambre apportait des modifications et des perfectionnements à cette loi. Le nouveau texte autorisait les bureaux de bienfaisance, hospices et hôpitaux, à utiliser une partie de leur patrimoine — le cinquième — à la construction de maisons à bon marché. La caisse d'assurances en cas de décès était autorisée à passer avec les acquéreurs ou les constructeurs de maisons à bon marché qui se libèrent du prix de leur habitation au moyen d'annuités, des contrats d'assurances temporaires, ayant pour but de garantir à la mort de l'assuré, si elle survient dans la période d'années déterminée, le paiement des annuités à échoir.

En cas de décès de l'acquéreur, l'indivision, s'il y a des mineurs, pourra être continuée pendant cinq années à partir de la majorité de l'aîné des mineurs, sans que sa durée totale, puisse, à moins d'un consentement unanime, excéder dix ans.

Si le défunt ne laisse pas de descendants, l'indivision pourra être maintenue pendant cinq années à compter du décès, à la demande et en faveur de l'époux survivant, s'il en est propriétaire au moins pour moitié et s'il habite la maison au moment du décès.

Les maisons individuelles ou collectives destinées à être louées ou vendues sont affranchies des contributions foncières et des portes et fenêtres.

Le 3o mars 1896 quelques modifications étaient apportées à la loi. Elles indiquaient que les sociétés d'habitations à bon marché ne seraient admises au bénéfice des exonérations et des autres faveurs concédées par la loi qu'autant que leurs statuts limiteront leurs dividendes annuels à un chiffre maximum.

Le conseil supérieur des habitations à bon marché et les comités départementaux ont pour but de susciter les initiatives en matière de constructions d'habitations à bon marché. Les comités certifient la salubrité des maisons et logements qui doivent bénéficier des avantages de la loi.

Le 6 avril 1906, la Chambre complétait la loi en

étendant aux communes et aux départements le droit d'employer leurs ressources en prêts, en obligations ou en actions des sociétés d'habitations à bon marché. Les actes nécessaires à la constitution de ces sociétés ou à leur dissolution sont dispensés du timbre et enregistrés gratis, à la condition que les statuts soient conformes aux dispositions de la loi. Elles sont en outre dispensées de toute patente et de l'impôt sur le revenu aux actions, parts d'intérêts et obligations.

Cette législation a provoqué, en France, un mouvement très intense. De nombreuses sociétés d'habitation à bon marché se sont constituées, tantôt sur l'initiative de particuliers, tantôt de patrons ou d'ouvriers eux-mêmes, tantôt des communes. Certains sociologues ont été même jusqu'à l'engouement pour cette forme de propriété accessible aux travailleurs. Il ne faut pas, quels qu'en soient les avantages, se laisser aller à l'exagération. L'ouvrier d'usine dont la stabilité n'est pas assurée peut se trouver gêné par sa maison s'il est obligé de quitter le pays où il l'a acquise. Mais le progrès social diminuera certainement cette mobilité de la main-d'œuvre et dès lors l'achat d'une maison complétera l'effort de l'ouvrier vers la conquête de la propriété individuelle.

La petite propriété rurale. — Mais la loi sur les habitations à bon marché intéressait surtout les ouvriers des villes, ou plutôt de l'industrie. Aussi au 1ᵉʳ avril 1898, la Chambre étendait le bénéfice de la loi du 30 novembre 1894, aux petites propriétés, aux petits domaines d'un ou plusieurs tenants et dont la valeur ne doit pas excéder 6.000 francs. La propriété, bâtie ou non bâtie, devra appartenir à des personnes ne possédant aucun autre immeuble ; elle devra être occupée et exploitée par le propriétaire lui-même.

La nouvelle loi prévoyait la constitution d'un conseil supérieur de la petite propriété rurale et de comités locaux, de même que la constitution de sociétés d'acquisition de propriétés rurales, de sociétés de prévoyance, d'épargne et de crédit qui désireraient prendre le caractère de sociétés de crédit foncier prêtant sur hypothèques et pouvant émettre des obligations.

Le 10 avril 1908, c'est-à-dire dix ans plus tard, l'*Officiel* publiait une loi dont le but était de faciliter à l'ouvrier, surtout à celui des champs, l'acquisition d'un lopin de terre d'un hectare. Tous les avantages prévus par la loi du 12 avril 1906 pour les maisons à bon marché, sauf l'exemption temporaire d'impôt foncier, doivent être appliqués aux jardins ou champs n'excédant pas un hectare. La loi prévoit la constitution de sociétés de crédit immobilier qui pourront se constituer sous la forme anonyme et au capital minimum de 200.000 francs. Les actions ne pourront être libérées de plus de moitié, à moins d'autorisation spéciale. Le dividende annuel à servir aux actionnaires ne devra pas dépasser 4 o/o. Les sommes que la société peut emprunter à l'Etat ne pourront dépasser le chiffre obtenu en ajoutant au quadruple de la partie versée du capital social le montant de la partie non appelée. Ainsi une société au capital de 200.000 francs, dont les actions sont libérées de moitié, ne pourra devoir plus de 500.000 francs. Le total des avances que pourra faire l'Etat aux sociétés de crédit immobilier est fixé à 100 millions. C'est la Caisse nationale des retraites pour la vieillesse qui fera les avances au Trésor.

Celui qui désire acheter un terrain doit s'engager vis-à-vis de la société qui lui aura consenti un prêt hypothécaire à cultiver lui-même le terrain ou à le faire cultiver par les membres de sa famille si l'acquéreur est déjà, au moment de l'acquisition, propriétaire d'un terrain bâti ou non bâti, la contenance et la valeur de ce terrain viennent en déduction des chiffres fixés pour la commune par la commission instituée pour fixer la valeur locative réelle des immeubles.

L'emprunteur doit posséder au moment de la conclusion du prêt hypothécaire le cinquième au moins du prix du terrain ou de la maison. Il doit passer avec la Caisse nationale d'assurances en cas de décès un contrat à prime unique garantissant le paiement des annuités qui resteraient à échoir au moment de sa mort. Le montant de cette prime peut être incorporé au prêt hypothécaire.

Ainsi pour acquérir un champ de 1.200 francs, l'emprunteur devra verser 240 francs, donner hypothèque, petite opération qui coûtera environ 25 francs; s'assurer sur la vie; si l'emprunteur a vingt-cinq ans, elle coûtera à la Caisse nationale 113 francs. Mais elle peut être payée par annuités. Pour le surplus l'acquéreur a vingt-cinq ans pour se libérer. Il pourra le faire au moyen de versements de 5 francs par mois, soit 60 francs par an.

Les sociétés immobilières régionales ne seront en somme que les intermédiaires entre l'Etat et les emprunteurs. Elles pourront faire appel au concours de l'Etat moyennant le versement d'un intérêt de 2 o/o.

La promulgation récente de cette loi ne nous permet pas d'en juger les effets. Mais nous regrettons qu'elle ait limité à une si faible étendue la terre dont elle facilite l'acquisition.

En Danemark, la loi permet l'achat de terrains jusqu'à 5 hectares et demi, valant 5.600 francs ; en Angleterre 20 hectares, pouvant rapporter jusqu'à 1.250 francs par an. En outre la loi ne paraît pas avoir prévu le cas où les sociétés de crédit immobilier se livreraient à la spéculation. Elle a bien limité à 4 o/o l'intérêt qu'elles pourront servir aux actionnaires : ce qui est peut-être excessif, attendu que l'argent engagé dans ces affaires n'appartiendra pas aux actionnaires mais bien à l'Etat qui le leur aura prêté.

La loi a heureusement étendu à la propriété ainsi constituée les avantages de la loi sur les habitations à bon marché, concernant les dérogations qui peuvent être apportées au Code civil en cas de décès du propriétaire. Cette disposition, qui assurait la durée du foyer familial, a été heureusement complétée et étendue par la loi du 13 juillet 1909.

Le bien de famille. — Cette loi a enfin introduit dans notre législation le bien de famille insaisissable, le *homestead* des Anglais. Le bien de famille pourra comprendre soit une maison ou portion divise de maison, soit à la fois une maison et des terres attenantes ou voisines, occupées et exploitées par la famille. La valeur dudit bien, y compris celle des cheptels et immeubles par destination, ne devra pas *lors de sa fondation*, dépasser *8.000 francs.*

Le bien de famille peut être constitué :

Par le mari sur ses biens personnels, sur ceux de la communauté ou, avec le consentement de la femme, sur les biens qui appartiennent à celle-ci et dont il a l'administration.

Par la femme, sans l'autorisation du mari ou de justice, sur les biens dont l'administration lui a été réservée ;

Par le survivant des époux ou l'époux divorcé, s'il existe des enfants mineurs, sur ces biens personnels ;

Par l'aïeul ou l'aïeule, suivant les distinctions ci-dessus, qui recueille ses petits-enfants orphelins de père et de mère, ou moralement abandonnés ;

Par le père ou la mère, sans descendants légitimes, d'un enfant naturel reconnu ou d'un enfant adopté.

Toute personne capable de disposer pourra constituer un bien de famille au profit d'une autre personne réunissant elle-même les conditions exigées par la loi pour pouvoir le constituer.

Le bien de famille ne peut être établi que sur un immeuble non indivis.

Il ne peut en être constitué plus d'un par famille.

Toutefois, lorsque le bien est d'une valeur inférieure à 8.000 francs, il peut être porté à cette valeur au moyen d'acquisitions qui sont soumises aux mêmes conditions et formalités que la fondation.

Le bénéfice de la constitution du bien de famille reste acquis alors même que, par le seul fait de la plus-value postérieure à la constitution, le chiffre de 8.000 francs se trouverait dépassé.

La constitution du bien ne peut porter sur un immeuble grevé d'un privilège ou d'une hypothèque, soit conventionnelle, soit judiciaire, lorsque les créanciers ont pris inscription antérieurement à l'acte constitutif ou, au plus tard, dans le délai fixé ci-après.

Les hypothèques légales, même inscrites avant l'expiration de ce délai, ne font pas obstacle à la constitution et conservent leur effet.

Celles qui prendraient naissance postérieurement pourront être valablement inscrites, mais l'exercice du droit de poursuite qu'elles confèrent sera suspendu jusqu'à la désaffectation du bien.

La constitution du bien de famille résulte d'une déclaration reçue par un notaire, d'un testament ou d'une donation.

Cet acte contient la description détaillée de l'immeuble avec l'estimation de sa valeur, ainsi que les nom, prénoms, profession et domicile du constituant, et, s'il y a lieu, du bénéficiaire de la constitution.

Il reste affiché pendant deux mois par extrait sommaire et au moyen de placards manuscrits apposés sans procès-verbal d'huissier à la justice de paix et à la mairie de la commune où les biens sont situés.

Un avis est, en outre, inséré par deux fois, à quinze jours d'intervalle, dans un journal du département recevant les annonces légales.

Jusqu'à l'expiration de ce délai de deux mois, pourront être inscrits tous privilèges et hypothèques garantissant des créances antérieures à la constitution du bien. Pendant ce même délai, les créanciers chirographaires seront admis à former, en l'étude du notaire rédacteur de l'acte, opposition à la constitution.

A l'expiration du délai de deux mois, l'acte est soumis, avec toutes les pièces justificatives, à l'homologation du juge de paix.

Celui-ci ne donnera son homologation d'après s'être assuré :

1° Par les pièces produites, et s'il les juge insuffisantes, par un rapport d'expert commis d'office, de la valeur des immeubles constituant le bien de famille ;

2° Qu'il n'existe ni privilège ni hypothèque autres que ceux visés à l'article 5 ;

3° Que mainlevée a été donnée de toutes les oppositions ;

4° Que les bâtiments sont assurés contre les risques de l'incendie.

Dans le mois qui suivra son homologation, l'acte de constitution de bien sera transcrit, à peine de nullité.

A partir de la transcription, le bien de famille ainsi que ses fruits sont insaisissables, même en cas de faillite ou de liquidation judiciaire ; il n'est fait exception qu'en faveur des créanciers antérieurs qui se sont conformés aux dispositions qui précèdent, pour conserver l'exercice de leurs droits (art. 10 de la loi).

Il ne peut être ni hypothéqué, ni vendu à réméré

Néanmoins, les fruits pourront être saisis pour le payement :

1° Des dettes résultant de condamnations en matière criminelle, correctionnelle ou de simple police ;

2° Des impôts afférents au bien et des primes d'assurances contre l'incendie ;

3° Des dettes alimentaires.

Le propriétaire ne peut renoncer à l'insaisissabilité du bien de famille (art. 10).

Le propriétaire peut aliéner tout ou partie du bien de famille ou renoncer à la constitution. Mais, s'il est marié ou s'il a des enfants mineurs, l'aliénation ou la renonciation sera subordonnée, dans le premier cas, au consentement de la femme donné devant le juge de paix et, dans le second cas, à l'autorisation du conseil de famille, qui ne l'accordera que s'il estime l'opération avantageuse aux mineurs. Sa décision sera sans appel.

En cas d'expropriation pour cause d'utilité publique, si l'un des époux est prédécédé et s'il existe des enfants mineurs, le juge de paix ordonnera les mesures de conservation et de remploi qu'il estimera nécessaires.

Dans le cas de substitution volontaire d'un bien de famille à un autre, la constitution du premier bien est maintenue jusqu'à ce que la constitution du second soit définitive.

En cas de destruction partielle ou totale du bien,

l'indemnité d'assurance est versée à la Caisse des dépôts et consignations pour demeurer affectée à la reconstitution de ce bien et, pendant un an, à dater du
paiement de l'indemnité, elle ne peut être l'objet
d'aucune saisie, sans préjudice pourtant des dispositions précédentes (art. 10).

Les compagnies d'assurances ne sont, en aucun
cas, garantes du défaut de remploi.

Il en sera de même pour l'indemnité allouée à la
suite d'une expropriation pour cause d'utilité publique.

La femme pourra exiger l'emploi des indemnités
d'assurances ou d'expropriation soit en immeubles,
soit en rentes sur l'Etat français, à concurrence d'un
maximum de 8.000 francs.

Le tribunal civil statue, la femme et, en cas de
prédécès de l'un des époux, le représentant légal
des mineurs appelés, sur toutes les demandes relatives à la validité de la constitution, de la renonciation à la constitution, de l'aliénation totale ou partielle du bien de famille.

L'affaire est jugée comme en matière sommaire.

La femme n'a besoin d'aucune autorisation pour
poursuivre en justice l'exercice des droits que lui
confère la présente loi.

L'insaisissabilité subsiste même après la dissolution du mariage sans enfants au profit du survivant
des époux, s'il est propriétaire du bien.

Elle peut également se prolonger par l'effet du maintien de l'indivision prononcée dans les conditions et pour la durée ci-après déterminées.

S'il existe des mineurs au moment du décès de l'époux propriétaire de tout ou partie du bien, le juge de paix peut, soit à la requête du conjoint survivant, du tuteur ou d'un enfant majeur, soit à la demande du conseil de famille, ordonner la prolongation de l'indivision jusqu'à la majorité du plus jeune, et allouer, s'il y a lieu, une indemnité pour ajournement du partage, aux héritiers qui sont ou qui deviennent majeurs et ne profitent pas de l'habitation.

Le survivant des époux, s'il est copropriétaire du bien et s'il habite la maison, a la faculté de réclamer, à l'exclusion des héritiers, l'attribution intégrale du bien sur estimation.

Ce droit s'ouvre à son profit, soit au décès de son conjoint, si tous les descendants sont majeurs, ou même lorsqu'il y a des mineurs, si la demande en maintien d'indivision a été rejetée, soit à la majorité des enfants, lorsque l'indivision a été maintenue.

Tel est le texte à peu près intégral de cette loi dont l'influence morale peut être très grande pour notre pays. La diminution des naissances inquiétait justement ceux que préoccupe l'avenir de la France dans le monde. La famille subissait une crise due à des causes matérielles et morales. Les difficultés d'asseoir une famille sur une propriété, l'influence dissolvante du socialisme et du matérialisme étaient les principales de ces causes. La transformation de la condition du salarié en travailleur associé et la conquête du foyer le mettront à l'abri des suggestions malsaines de l'internationalisme et de l'anarchie. Défendu désormais par sa propriété, le travailleur ne songera pas à se soustraire aux obligations de ses devoirs civiques, puisqu'il sera intéressé au bien-être général par le lien qu'elle établit entre tous les propriétaires du sol ou des richesses d'un même pays. Il pourra consacrer ses efforts vers un but précis : l'accroissement de sa propriété et la constitution d'une famille, désir instinctif de l'homme, que sa nature oblige à vivre en société ordonnée.

LA SPÉCULATION
ET L'ORGANISATION DU TRAVAIL

Les Chambres de capacité

L'organisation professionnelle par les syndicats serait incomplète et les résultats que nous attendons de l'association du capital et du travail seraient amoindris si le travail organisé ne prenait ses dispositions contre la spéculation.

La doctrine socialiste n'a pas fait de distinction entre le capital producteur et le capital qui spécule. Elle s'est même attachée surtout à combattre le premier qu'elle représentait comme étant, entre les mains du patronat, la cause de tout le mal social. En réalité le capital industriel est bienfaisant en lui-même puisqu'il est employé à créer de nouveaux capitaux, et qu'il met à la disposition du travailleur l'outil, la machine avec lesquels il produira à son tour du capital. Associé au facteur travail, le capital industriel devient donc créateur de richesses et la fécondité de cette association atteindra le maximum le jour où le salariat aura fait place au régime du travail associé.

Mais au-dessus des efforts combinés et féconds du capital producteur et du travail, le capital de spéculation exerce son action funeste. Les progrès réalisés au xixe siècle dans les communications internationales ont singulièrement facilité le développement de cette activité spéciale du capital qui s'étend aujourd'hui à tous les pays du monde. La spéculation exerce son action sur toutes les branches de la production humaine. Elle s'est interposée entre le producteur et le consommateur, entre la matière première et le travailleur, annihilant par les caprices de sa fantaisie les efforts et les initiatives. C'est elle qui apporte le trouble dans les rapports du capital et du travail. En soumettant à sa tyrannie l'industrie et le commerce, elle retarde le progrès humain et le progrès économique, elle recule chaque jour le moment de la paix sociale. Sa puissance étant cosmopolite, la spéculation domine les peuples et les Etats, impuissants à en conjurer les effets. Si les conflits armés sont devenus plus rares entre nations civilisées, la lutte économique internationale a pris une intensité et une âpreté dont les effets, pour être moins apparents, atteignent cependant profondément toutes les classes de la société. Car la spéculation, en effet, accapare les produits de grande consommation, tels que le blé, le coton, la laine, le café, le sucre, le charbon, etc., dont l'usage est universel. Elle surveille attentivement les besoins des peuples et elle impose sa loi d'une main plus lourde à mesure que les besoins augmentent. Son étreinte est partout. D'un côté le travailleur, le salarié s'efforce péniblement de subvenir à ses besoins avec son salaire. Il voit chaque jour s'accroître le prix des choses et il s'aigrit devant son impuissance à lutter contre la cherté de la vie. Hypnotisé par le socialisme contre le patronat, c'est à celui-ci qu'il demande raison de sa misère, alors qu'en vérité au même moment le patron subit lui aussi aussi le joug de la spéculation. Les ordres viennent, les commissions abondent et à cet instant propice la spéculation intervient pour faire payer très cher au producteur la matière première qui lui est nécessaire pour l'exécution de ses marchés. Le patron, subissant à la fois les exigences de la spéculation et de la concurrence, recherche dans la diminution des frais généraux, dans la réduction de la main-d'œuvre les compensations qui lui permettront d'exercer son travail. La spéculation a donc pour résultat immédiat d'empêcher la hausse des salaires. C'est ainsi que dans l'industrie textile le taux des salaires est le plus bas.

Le caractère mondial de la spéculation impliquerait nécessairement une législation internationale si les peuples s'entendaient pour lutter contre elle. Mais il ne faut pas compter sur ce moyen. Par certains produits, les nations, comme les Etats-Unis pour le coton, le Brésil pour le café, détiennent en quelque sorte un monopole qu'elles tâcheront de conserver le plus longtemps possible, pour en tirer le plus grand profit. Aussi nous apparaît-il que l'organisation des travailleurs peut seule opposer une résistance efficace à la spéculation et même en supprimer les manifestations.

Au point de vue industriel il faut pour cela que les syndicats ouvriers et les syndicats patronaux, ayant acquis le droit de propriété, puissent unir leurs efforts et leurs ressources. Cette union doit être réalisée par catégories d'industries et de commerces, et l'organisme central qui réunira ces efforts sera la *Chambre de capacité* (1).

Composée des représentants des organisations professionnelles ouvrières et patronales, réunies par corporations, régions et métiers, la *Chambre de capacité* centralisera la puissance économique d'une même industrie ; elle devra, comme le syndicat, jouir de la capacité civile. Son rôle sera professionnel et économique.

Au point de vue professionnel, elle sera chargée

1. Voir l'ouvrage *De l'organisation et de la représentation des intérêts professionnels*, par Henry Maire, 1 vol., chez Jouve.

de fixer les *salaires-bases* de l'industrie qu'elle représente ; elle établira *les contrats collectifs de travail* ; elle sera l'arbitre naturel des conflits toujours possibles entre employeurs et employés. Disposant des ressources des organisations qu'elle représente, la Chambre de capacité pourra créer des caisses d'épargnes, d'assurances et de retraites, l'organisation de ces dernières par corporations et régions étant plus conforme au bon sens, et à la nature des choses, puisque, décentralisée, elle tiendra compte des conditions de lieu, des habitudes du métier, et pourra ainsi fixer plus équitablement le taux et l'âge de la retraite.

Au point de vue économique, la Chambre de capacité pourra jouer un rôle considérable et supprimer, *avec le concours du législateur*, les agissements de la spéculation.

L'individualisme patronal est une des grandes causes de la mainmise de la spéculation sur les matières premières les plus abondantes et les plus utilisées. Si les organisations patronales et ouvrières d'une même industrie utilisaient leurs richesses à l'achat en commun de grandes quantités de matières premières qu'elle répartiraient ensuite à leurs membres suivant leurs besoins et à un prix dont les variations seraient insignifiantes, la sécurité qui résulterait pour l'industrie de cette situation ne pourrait que provoquer, sans compter les résultats de l'association du capital et du travail, une amélioration certaine et très sensible de la condition des ouvriers et des patrons. Elle serait un bienfait général.

Une industrie bien organisée peut connaître par ses agents dans le monde les besoins de sa clientèle, et la Chambre de capacité serait ainsi fixée approximativement sur la quantité de matière première à emmagasiner. Par ce moyen l'industriel se procurerait la matière dont il a besoin à des conditions très favorables.

Mais la Chambre de capacité peut être aussi l'instrument de répartition du travail et son intervention diminuerait la concurrence entre les producteurs nationaux, permettant ainsi à l'industrie intéressée de lutter plus efficacement contre l'industrie étrangère.

L'individualisme économique qui a isolé les uns des autres les patrons d'une même industrie et à plus forte raison les industries entre elles, doit disparaître en même temps que le salariat par le développement des organisations professionnelles, des syndicats patronaux et ouvriers et par l'introduction du régime du *travail-associé*.

Quelque résistance qu'y oppose le patronat, il faudra bien qu'il accepte cette évolution.

La place qu'il occupera alors dans la hiérarchie sociale sera plus conforme à la justice, et cependant sa valeur matérielle n'en sera pas diminuée. Sa valeur morale aura décuplé puisque sa présence dans le mécanisme du travail moderne aura trouvé sa justification.

Cette conception de l'organisation du travail, en même temps qu'elle supprimera le salariat, enlèvera au patronat son caractère oppressif. Le patron ne sera plus le maître, souvent anonyme, inflexible et obstinément fermé aux sollicitations des ouvriers. Le régime de l'association créera la famille industrielle ou commerciale et les étapes uccessives du régime du travail associé nous amneront à une sorte de « coopération ». Mais la coopération n'est pas le communisme. Elle n'exclue pas la propriété individuelle, pas plus que la direction. Dans toute société organisée il est évident qu'une hiérarchie est nécessaire ; déjà dans la société anonyme actuelle le patron est remplacé par un conseil d'administration, choisi par les capitalistes ou actionnaires de la société. Avec le régime du travail associé, les travailleurs auront leur place au conseil d'administration et cela ne peut être qu'un bien.

A l'heure actuelle, la coopération dans la production ne peut faire de grands progrès parce qu'il manque précisémer aux travailleurs l'un des facteurs essentiels indispensables, le capital. D'une façon générale, un autre écueil que rencontre la coopération, c'est l'absence d'éducation professionnelle et économique, presque aussi sensible dans le patronat que dans la classe ouvrière. Vouloir donc réaliser dès à présent la production coopérative, c'est mettre la charrue avant les bœufs. Il en est autrement de la coopération appliquée à la consommation et qui, tout en diminuant la cherté de la vie, doit être considérée comme l'un des moyens pour les travailleurs d'accéder au capital.

Sans nous étendre sur cette question de la coopération, nous devons constater que, en Angleterre où l'éducation des travailleurs a pu se faire dans les trade unions, au cours du xixe siècle, alors qu'en France elle était impossible, les coopératives de production ont pris un essor considérable et elles ont joué dans leur pays le rôle des grands magasins fondés à Paris au cours de la deuxième partie du xixe siècle. Les coopérateurs français se sont attachés surtout au développement des associations de consommation.

Les socialistes, au début, essayèrent de constituer des coopératives à base communiste, où la part des coopérateurs dans le capital et les bénéfices n'était pas limitée individuellement. Elles ont toutes échoué.

Ils furent obligés pour les reconstituer d'introduire le principe de la propriété individuelle et le partage des bénéfices. Mais ils ont réduit au minimum la part de ces derniers qui doit revenir aux associés, ne voulant pas que les coopérateurs socialistes pussent accéder au capital, ce qui aurait pu leur ôter toute idée communiste et même leur inspirer une pensée conservatrice dont le socialisme tient à les écarter.

Les socialistes utilisent les bénéfices de la coopération à la propagande.

Mais le mouvement coopératif n'est pas le monopole du socialisme qui n'y est venu que contraint et forcé.

Des initiatives privées, des organisations sociales, des sociologues ont suscité partout la création de coopératives dont l'importance grandit chaque jour. Elles ont su, par un organisme central (1), réunir leurs achats, augmentant ainsi pour leurs membres les bénéfices qu'ils retirent de la coopération.

Les applications de la participation au capital dont on trouvera l'énumération dans la deuxième partie de ce volume, les discussions passionnées que soulève la doctrine préconisée par les Jaunes, les tentatives et les essais qui en sont faits tous les jours lui donnent une force singulière. Et nous devrons cela au socialisme, d'avoir obligé patrons, ouvriers, sociologues à étudier ce système et de l'avoir adopté comme la seule barrière à opposer à l'établissement du collectivisme barbare. Peut-être même, dans l'ordre social et national, y trouvera-t-on l'un des moyens de remédier à la crise si inquiétante de la population de notre pays.

1. *Office coopératif*, 1, rue Christine, Paris.

Czulowski   8.

Le progrès ne peut se réaliser que dans la liberté et les citoyens d'une nation moderne ne peuvent espérer le maximum de leur indépendance que par la conquête et l'accroissement de leur propriété individuelle. Libres ainsi de leur pensée et de leurs actions, s'ils ne veulent pas succomber contre les forces indomptables de la nature, ils doivent unir leur liberté et leur propriété, ils doivent associer leurs efforts pour obtenir que par leur coordination ils deviennent chaque jour moins pénible à l'homme et plus bienfaisant pour l'humanité tout entière.

DEUXIÈME PARTIE

LA PARTICIPATION AU CAPITAL

Ses applications

Nous montrerons dans cette partie de notre travail les différentes méthodes employées par des patrons ou des compagnies pour introduire chez eux la participation au capital. Nous classerons ces applications en deux catégories :

1° La participation par achat direct des actions ou obligations ;

2° Participation par répartition d'une part des bénéfices.

La Société pour l'étude de la participation aux bénéfices. — C'est encore en France, nous devons le dire, que la participation est le moins pratiquée. *La Société pour l'étude de la participation aux bénéfices* n'a pas cru devoir étendre son action dans cette voie, malgré les grands exemples nationaux sur lesquels elle aurait pu baser son effort. Le développement de la participation au capital est dû à des initiatives privées. Ce sont les *Laroche-Joubert*, les *Godin* et les *Leclaire*, et plus tard *Gaston Japy*, qui ont songé à la transformation du salariat et qui ont voulu faire de leurs ouvriers des collaborateurs et des associés.

La Labour Co-Partnership Association. — Nous verrons comment, depuis cinquante ans, parallèlement à leurs efforts, cette idée s'est développée dans le monde : en Angleterre grâce à l'active propagande de la *Labour Co-Partnership Association* (1) ; en France grâce aux efforts de la *Fédération nationale des Jaunes de France*, aujourd'hui dissoute et remplacée par deux organisations : l'une politique, le *Parti Propriétiste* (2) et l'autre, profes-

1. La *Labour Co-Partnership Association*, 6, Bloomsbury Square, Londres. — Président : M. D.-J. Shackleton, M. P. ; Secrétaire : Henry Vivian, M. P.; Trésorier : Aneurin Williams, M. A., J. P. Le président et le secrétaire sont tous deux membres de la Chambre des communes où ils furent élus comme représentants du parti ouvrier.

Le comité comprend des hommes de toutes conditions et de partis différents : le comte Grey, le comte de Stamford, le marquis de Ripon, lord Courtney, M. Balfour, ancien premier ministre, MM. Thomas Burt, Henry Norman, Channing Maddison, Th. Taylor, députés, professeur Chapman, MM. Greenwood, Holyoake, apôtres de la participation, etc., etc.

2. Le PARTI PROPRIÉTISTE, président, *Pierre Blétry*, député, 4, boulevard des Italiens, Paris. Membres du Conseil national : MM. F. Czulowski, employé, Gallian, journaliste; Gau-

sionnelle, la *Fédération syndicaliste des Jaunes de France.*

Le *Parti propriétiste* a été créé pour faire aboutir les principes essentiels de la doctrine des Jaunes, qui sont : l'accession des ouvriers à la Propriété ; lutte contre les monopoles d'Etat, introduction des principes de la mutualité dans toutes les compagnies d'assurances ; Capacité civile entière pour les syndicats et unions de syndicats (professionnels, ouvriers, agricoles, commerciaux, patronaux, etc.) ; Séparation des Ecoles et de l'Etat ; Reprise des monopoles d'Etat, Téléphones, Postes, Télégraphes, Caisses d'Epargne, etc..., etc..., par des sociétés autonomes, sous le contrôle de l'Etat, non sous sa gestion ; Liberté des cultes, adhésion obligatoire à des caisses de retraites contrôlées par l'Etat, mais gérées par des particuliers ; Création de chambres de capacités régionales, formées des représentants des intérêts matériels (ouvriers, corporatifs, industriels, agricoles, commerciaux, etc...) ; Modification de la Constitution dans le sens de la responsabilité et de l'autorité à donner au pouvoir exécutif. Ramener l'Etat à un rôle de police intérieure et de politique extérieure.

therot, ouvrier typographe, A. de Guigné, propriétaire, Paul Harel, homme de lettres, général Jeannerod, Alfred Poizat, hommes de lettres ; Seineville, employé de chemins de fer, Léon Verleye, bijoutier.

Le Parti Propriétiste possède un journal *La Voix Française* qui paraît tous les samedis.

Au Congrès international de la participation aux bénéfices qui se tint à Paris du 15 au 18 juillet 1900, la question de la participation au capital avait été cependant envisagée, mais assez timidement. Le Congrès avait adopté d'abord une résolution, indiquant que « le produit de la participation pouvait être utilement employé à stimuler l'épargne individuelle, ou à faire des avances aux ouvriers pour leur faciliter l'acquisition, par annuités, d'une maison ». C'était déjà une voie ouverte à l'accession à propriété par la participation aux bénéfices. Le Congrès envisagea cependant, mais comme une question secondaire, le cas où le participant pourrait employer une partie ou la totalité de sa part à l'achat d'actions ou de parts sociales de la société qui l'emploie. La résolution suivante fut adoptée à ce sujet : « Si le participant est admis à avoir une part du capital, il devient, par ce fait, un véritable associé participant aux pertes comme aux bénéfices. »

Le congrès ne voulut pas s'engager plus profondément sur cette question, ni exprimer le vœu que l'association du capital et du travail fût rendue plus intime par la participation des employés au capital (1).

1. Voir le compte rendu du Congrès, publié par la *Société pour l'étude de la Participation*, par M. Albert Trombert, secrétaire du Congrès. *Imprimerie Chaix.*

PARTICIPATION PAR ACHAT DIRECT DES ACTIONS OU OBLIGATIONS

En France

Il y a peu de maisons pratiquant le système de participation par l'achat direct d'actions. Il y a quelques années la société des mines de Lens créa des coupures d'actions dont elle proposa l'achat aux mineurs. Mais ceux-ci ne conservèrent pas longtemps les titres qu'ils avaient acquis. Tentés par les bénéfices que leur valait la hausse des actions, ou poussés aussi quelquefois par le besoin, les mineurs de Lens revendaient peu à peu leurs titres. Le règlement n'avait pas prévu ce danger et n'avait pas songé à apporter des entraves à la vente de ces titres.

Nous donnons ci-après les règlements adoptés par la maison *Japy frères et Cie*, la Société des établissements *Branchu, Houdayer et Beaufils-Marielle réunis*, du Mans, et la Société des *mines de*

Montigné (Mayenne) qui ont mis à la disposition de leur personnel, les deux premières des obligations et la troisième une certaine quantité d'actions.

LA SOCIÉTÉ EN COMMANDITE DU
BON MARCHÉ

A la fondation de la Société du *Bon Marché* Mme Boucicaut avait eu la pensée de transmettre sa part de capital à ses employés.

Le 14 janvier 1880, Mme Boucicaut, qui ne pouvait supporter seule les lourdes charges de la direction du Bon Marché, s'associa ses collaborateurs et ses principaux employés, avec lesquels elle constitua une société en commandite simple dont elle conserva la gérance.

Ceux-ci devinrent de la sorte propriétaires du fonds social, fixé à 20 millions divisés en 400 parts de 50.000 francs qui furent successivement divisées en coupures de moins en moins importantes pour faciliter à un plus grand nombre d'employés l'accession dans la société. L'intention de Mme Boucicaut était de transmettre à ses employés les parts d'actions qu'elle avait conservées, afin qu'ils devinssent petit à petit propriétaires de la maison de commerce à la prospérité de laquelle ils avaient si largement contribué par leur travail et leur intelligence.

Elle put en partie réaliser cette pensée généreuse de son vivant, et voulant l'assurer de façon complète pour l'avenir, elle institua une société civile qui servit d'intermédiaire et permit à ses employés d'acquérir les parts qu'elle possédait.

Nous n'avons pu savoir, malheureusement, dans quelles proportions, depuis cette époque, les employés du Bon Marché ont accédé au capital social.

Au moment de la fondation de la société, elle comprenait 96 associés, chefs de rayons ou de service.

Le capital de la société se répartissait ainsi : 12.500.000 francs étaient fournis par Mme Boucicaut et 7.500.000 francs par les employés associés. Quelques-uns d'entre eux étaient simplement les représentants responsables de groupes d'employés qui avaient réuni leurs économies pour acheter une part dans la maison.

La *Caisse de prévoyance*. — A côté de la société civile qui permet l'association du travail et du capital, les fondateurs du *Bon Marché* ont institué une *Caisse de prévoyance*, destinée à constituer au profit de ses membres un capital ou patrimoine.

Sont admis à participer aux bénéfices de cette caisse tous les employés ayant cinq années de présence non interrompue dans la maison au 31 juillet de chaque année.

Les employés qui ont un intérêt, soit sur les bénéfices, soit sur les affaires de la maison, soit sur la vente générale de leur rayon sont exceptés de la participation.

La *Caisse de prévoyance* s'alimente au moyen d'une somme prélevée sur les bénéfices de la maison et dont le chiffre est fixé le 31 juillet de chaque année par la gérance.

Cette répartition se fait au prorata des salaires, en calculant la quote-part minimum sur un salaire de 3.000 francs et la quote-part maximum sur un salaire de 4.500 francs.

Il est ouvert au nom de chaque employé participant un compte individuel qui est bonifié d'un intérêt de 4 o/o l'an.

Les participants peuvent disposer de leur compte individuel dans la proportion de :

1° Un tiers pour les employés dames ou hommes comptant dix années de présence non interrompues dans la maison ;

2° Deux tiers aux employés hommes comptant quinze années de présence non interrompue dans la maison ;

3° De la totalité pour les employées dames, comptant quinze années de présence non interrompue dans la maison ;

4° De la totalité pour les hommes comptant vingt ans de présence non interrompue dans la maison ;

5° De la totalité également pour les employées dames ayant quarante-cinq ans et pour les employés hommes ayant cinquante ans révolus.

Ces comptes sont très variables. Parmi ceux réglés aux titulaires qui ont quitté la maison au 1ᵉʳ août 1907, on remarque que :

MM. Maratray a eu son compte arrêté à			10.790 fr.	15
Jobé	—	—	à	5.525	50
Graff	—	—	à	3.715	85
Mazurais	—	—	à	4.621	»
Barral	—	—	à	4.874	45
Col	—	—	à	2.776	60
Le Morgue	—	—	à	5.724	70
Soit au total pour les sept comptes......			38.028 fr.	75

Ce qui donne une moyenne de 4.000 à 5.000 fr. auxquels vient s'ajouter la retraite, fournie par une caisse spéciale qui fonctionne sans aucune retenue sur les salaires des employés.

Au 31 juillet 1907 le nombre des comptes de la Caisse de prévoyance était de 3.280. 169 comptes ont été payés ou répartis à cette date : mais en outre 204 employés ont été admis à y participer, ce qui donnait un total de 3.315 comptes individuels.

La dotation pour l'année 1907-1908 avait été fixée par la gérance à 310.348 fr. 05, ce qui portait le capital de la Caisse de prévoyance à 4.954.426 fr. 20.

DÉCISION
DE L'ASSEMBLÉE DES ACTIONNAIRES
DE LA SOCIÉTÉ JAPY FRÈRES & Cie

En date du Mardi 11 Septembre 1900

Dans le but d'affirmer une fois de plus la solidarité d'intérêts qui existe entre les patrons et leurs collaborateurs, le Conseil de gérance ayant décidé de demander à l'assemblée des actionnaires, convoquée extraordinairement à cet effet, l'approbation de la création d'un nouveau type d'obligations appelées « part de participation de collaborateur », l'assemblée, après que lecture lui a été donnée par le président du projet présenté par le Conseil de gérance, décide :

I. — *Création de parts de participation de collaborateur.* — Le Conseil de gérance est autorisé à émettre, s'il y a lieu, jusqu'à concurrence de *trois mille titres*, des obligations d'un nouveau type dites « parts de participation de collaborateur » et d'un montant de *cent francs* pour chaque titre.

Chacun de ces titres sera détaché d'un registre à souche, sur lequel il portera un numéro d'ordre ; il sera signé par deux associés-gérants et frappé d'un timbre sec de la Société.

II. — *Conditions d'émission.* — Pour pouvoir souscrire aux parts de participation de collaborateur, il faudra :

1º Être ouvrier chez Japy frères et Cie depuis cinq années ininterrompues au moins, ou bien être employé ou contremaître de Japy frères et Cⁱᵉ depuis une année au moins ;

2° En outre, être agréé comme souscripteur par le Conseil de gérance de la maison.

Chaque souscription sera payable à la Caisse de la Société en quatre termes égaux à chaque 1ᵉʳ novembre, 1ᵉʳ février, 1ᵉʳ mai et 1ᵉʳ août.

III. — *Conditions de remboursement.* — Les parts seront remboursables au pair de l'émission le jour de l'expiration de la Société, soit le 30 avril 1910.

IV. — *Cessions et Transferts.* — Les parts sont insaisissables pour quelle cause que ce soit. Quant à leur cession, elle est réglée de la façon suivante :

La cession des parts sera permise entre les titulaires de ces parts ; mais le titulaire qui voudrait en transférer à toute autre personne, fût-ce même à ses descendants, ou à son conjoint, ne le pourrait qu'avec l'autorisation du Conseil de gérance.

A cet effet, le titulaire avisera le Conseil de gérance, par lettre recommandée, de la cession projetée, des motifs et conditions de cette cession, des noms, qualités et demeure du ou des cessionnaires et notamment de la qualité de collaborateurs de la maison desdits cessionnaires.

Le Conseil de gérance sera souverain pour accorder ou refuser le transfert projeté ; sa décision devra être notifiée par lettre recommandée, dans les trente jours au plus tard ;

En cas du refus du transfert projeté, le Conseil de gérance rachètera au pair de l'émission les parts dont le transfert avait été ainsi projeté, si le cédant persiste dans son désir de transférer.

De plus, si le titulaire vient à perdre sa qualité de collaborateur de la maison, les parts dont il serait alors porteur feraient retour d'office à la maison, à un prix égal au pair de l'émission, plus arrérages courus sur la base des résultats du dernier exercice clos.

La cession de ces parts, soumise aux conditions ci-dessus énoncées, se fera par voie de *transfert* sur des registres tenus en double au siège de la Société, les transferts seront signés du cédant et du cessionnaire et visés par un des membres du Conseil de gérance qui se tiendra ainsi le transfert pour signifié, il sera fait immédiatement mention du transfert au dos de la part de participation de collaborateur.

La cession de la part de participation de collaborateur emportera la cession des avantages y afférents, échus ou non échus au moment de la transmission.

V. — *Droits des parts de participation de collabora-teur.* — Les parts de participation de collaborateur auront droit, sous déduction des impôts résultant des lois de finances :

1° A un intérêt de quatre et demi pour cent l'an, payable avant tout partage de bénéfices de la Société ;

2° A un intérêt éventuel supplémentaire de :

a) Un pour cent, lorsque le dividende brut de l'exercice revenant aux actions de la Société sera égal ou supérieur à trente francs par action ;

b) Deux pour cent, pour un dividende brut de trente-cinq francs et au delà ;

c) Trois pour cent pour un dividende brut de quarante francs et au delà ;

d) Enfin quatre pour cent pour un dividende brut par action égal ou supérieur à quarante-cinq francs.

VI. — *Assemblée des titulaires de parts.* — Il sera établi dans chacune des usines de la maison une assemblée générale de tous les titulaires de parts.

Chaque titulaire aura droit à une voix, quel que soit le nombre de parts dont il sera titulaire.

Le titulaire ne pourra se faire représenter à cette assemblée que par un autre titulaire.

Cette assemblée générale se réunira chaque année le 16 novembre ; elle sera présidée par le plus âgé des membres présents ; le plus jeune sera secrétaire.

Elle aura pour mission de nommer au scrutin secret et uninominal une délégation de cinq membres comprenant au moins trois ouvriers.

La nomination de cette délégation ne sera valable qu'autant que le nombre des titulaires prenant part au vote aura été égal ou supérieur aux trois quarts des titulaires existant dans l'usine.

Le vote par correspondance, sous double enveloppe intérieure sans aucun signe, l'enveloppe extérieure portant signature du titulaire, sera admis.

Chacune des délégations nommera au scrutin secret un Président et un Vice-Président.

VII. — *Droits des délégations des titulaires de parts.* — Chacune, moyennant en avoir, par lettre signée de son Président, ou; en cas d'empêchement de son Vice-Président, fait la demande au Président du Conseil de gérance, aura le droit d'être entendue à la plus prochaine réunion du Conseil de gérance snr tous les points pouvant intéresser l'usine par laquelle elle est déléguée.

Chacune des délégations aura ainsi pour mission de contribuer au maintien de la bonne harmonie entre la maison et ses collaborateurs.

SOCIÉTÉ ANONYME DES ÉTABLISSEMENTS
G. BRANCHU, HOUDAYER
ET BEAUFILS-MARIETTE RÉUNIS

Siège Social : 11, rue Saint-Charles. Le Mans (Sarthe)

Emission d'obligations de 25 francs l'une, au taux de 4 o/o l'an, exclusivement réservées aux ouvriers et employés de la Société avec participation dans les bénéfices.

EXTRAIT DES STATUTS

TITRE VII
Emission d'obligations

ART. 42. — Par le seul fait de la constitution de la Société, le Conseil d'administration séra autorisé à émettre des obligations au capital de 25 francs chacune et jusqu'à concurrence d'une somme de 5.000 francs pour la période du début.

Ces obligations seront nominatives et indivisibles.

La création de ces obligations ayant uniquement pour but de favoriser spécialement les collaborateurs et ouvriers de la Société, les obligations dont s'agit leur seront exclusivement réservées.

Elles ne seront pas remboursables pendant la durée de la Société.

L'intérêt à servir aux obligataires sera de 4 o/o par an.

Tout porteur d'obligations qui, pour une raison quelconque, voudra se dessaisir d'une ou plusieurs de celles-ci, n'aura qu'à en faire la demande au Conseil d'administration qui lui en remboursera le montant au pair sur présentation du titre.

Tout ouvrier ou employé quittant la maison ne pourra plus conserver ses obligations et les remettra à la Société qui lui en remboursera le montant au pair.

Chaque employé ou ouvrier ne pourra devenir propriétaire de plus de dix obligations, sans une autorisation spéciale du Conseil d'administration.

Pour faciliter aux plus petites bourses l'acquisition d'obligations, le Conseil d'administration pourra autoriser les employés et ouvriers à laisser en dépôt chaque quinzaine, une somme minima de 2 fr. 5o qui restera au crédit du compte de chaque déposant, sans intérêts jusqu'à ce que la somme versée ait permis l'acquisition d'une obligation.

Toutes les conditions accessoires sur le mode d'émission des obligations, l'époque et le lieu du paiement des intérêts, et toutes clauses utiles non prévues aux présents statuts seront réglées par le Conseil d'administration.

Participation aux bénéfices

Chaque année le Conseil d'administration se réunit dans le mois de mai pour vérification des comptes de l'année précédente.

Afin d'encourager le personnel de la Société à la bonne marche et à la réussite de l'entreprise, il décide à titre gracieux, un prélèvement variable ... les bénéfices, pour être réparti entre les Obligataires au prorata du nombre d'obligations.

Le paiement de ces sommes ajouté à celui des intérêts a lieu en deux fois, le 15 mai et le 15 novembre.

Il n'est absolument rien dû en dehors de ces deux échéances.

Au Mans, le 1er juillet 1906.

LES ADMINISTRATEURS

G. BRANCHU, Vᵗᵉ DE FOLLIN, L. CHAPPÉE,
C. HOUDAYER, L. DAHURON

SOCIÉTÉ ANONYME
DES MINES DE MONTIGNÉ

(Près Laval)

EXTRAIT DES STATUTS

**L'émission autorisée par l'article 5 *bis* a été décidée
par une Assemblée générale de décembre 1905**

Art. 5 *bis*. — Le capital social pourra être augmenté en
une ou plusieurs fois par la création d'actions nouvelles,
en représentation d'apports en nature ou *par voie d'émission contre espèces, en vertu d'une décision de l'Assemblée générale extraordinaire* prise conformément à
la loi, sur la proposition du Conseil d'administration.

Ces augmentations pourront se faire, soit en actions
ordinaires, soit en actions de priorité ou privilégiées,
soit encore en actions de ces diverses catégories ou
coupures d'actions.

Spécialement, ces augmentations pourront avoir lieu
(sans que cette indication puisse nuire dans l'avenir à
la création d'actions de priorité ou privilégiées de tous
autres genres que l'Assemblée générale extraordinaire
des actionnaires viendrait à voter) *par la création de
coupures* d'actions privilégiées de 100 francs chacune,
à souscrire d'abord par les ouvriers de la Société ou,
en cas d'insuffisance de ceux-ci, par les membres du

Conseil d'administration, lesquels pourront ensuite les céder au fur et à mesure *des demandes des ouvriers autorisés à les acquérir* par le Conseil d'administration et après délibération de ce conseil.

Ces coupures d'actions auront droit à un intérêt annuel de 4 o/o dont le paiement leur sera toujours assuré, même dans le cas où le dividende afférent à ces actions serait inférieur à cet intérêt. Si ce dividende était supérieur à 4 o/o les coupures d'actions dont s'agit toucheraient ce dividende seulement. Sauf cette garantie d'intérêt annuel et la préférence accordée pour leur souscription aux ouvriers de la Société et subsidiairement aux membres du Conseil d'administration, ces coupures d'actions ne jouiront que des droits attachés aux actions ordinaires ; elles seront soumises en conséquence et sans distinction à toutes les dispositions statutaires sans préjudice des exceptions ci-après :

La possession de trois actions ordinaires, représentant ensemble un capital nominal de 1500 francs, étant nécessaire pour donner le droit de voter en Assemblée générale, ce même droit ne pourra être conféré qu'au possesseur de quinze coupures d'actions de 100 francs, mais les propriétaires d'un nombre de coupures d'actions de priorité ou privilégiées inférieur à ce chiffre pourront se grouper pour atteindre le minimum de coupures exigé et donner conjointement à l'un d'eux mission de les représenter, et ce, par dérogation à l'article 28 ci-après contenant interdiction à un actionnaire d'accepter plusieurs mandats.

Les coupures d'actions dont s'agit ne pourront être cédées et transférées par leur titulaire qu'avec le consentement du Conseil d'administration et après avoir été préalablement offertes aux membres de ce Conseil, lesquels pourront toujours exercer personnellement un droit de préemption pour leur acquisition au prix de leur valeur nominale.

En cas de départ de la Société de l'ouvrier titulaire de coupures d'actions de priorité ou privilégiées, comme aussi en cas de décès de celui-ci, les membres du Conseil d'administration pourront toujours user du droit de préemption, comme on l'a dit ci-dessus, pour l'acquisition de ces coupures d'actions au prix sus indiqué, ou le Conseil d'administration les faire vendre par telle forme qu'il avisera.

Dans tous les cas d'exercice du droit de préemption ou de vente, le Conseil d'administration ou ses membres ne pourront être tenus à l'accomplissement d'aucune formalité autre qu'une simple mise en demeure préalable et la notification amiable du fait accompli.

LE JOURNAL
LA DÉPÊCHE DE CHERBOURG

Au moment du IIIe Congrès de la Fédération nationale des Jaunes de France, son président Pierre Biétry avait reçu la lettre suivante.

Cherbourg, le 6 avril 1907.

Monsieur le Président,

Le Conseil d'administration de la Société *La Dépêche de Cherbourg*, a décidé d'appliquer à son personnel le principe de la participation au capital des ouvriers qu'il occupe.

Avant de réaliser ce projet, nous serions heureux d'avoir votre avis et les conseils que vous pouvez tirer de l'expérience faite dans d'autres maisons.

Nous avons l'intention de donner à chaque ouvrier, ayant au moins un an ou deux de présence dans notre atelier, une action de 125 francs, aux conditions suivantes :

1° L'ouvrier s'engagera à verser une somme de 25 francs, dans le délai d'un an par exemple au moyen de retenues mensuelles ;

2° Chaque année, le Conseil d'administration donnera, à titre de gratification, une somme de 25 francs qui sera affectée au remboursement de l'action, de telle sorte qu'au bout de cinq ans, l'ouvrier sera entièrement propriétaire de son action. Cet avantage pourra être continué dans les mêmes conditions, tout le temps que l'ouvrier fera partie du personnel ;

3° Les gratifications pourront être réunies en une seule de 100 francs qui serait accordée à l'expiration de la cinquième année, cela afin de permettre le remboursement des 25 francs versés, en cas de départ avant l'expiration des cinq ans.

Nous avons estimé que le mode de participation que nous avons l'intention de proposer à notre personnel est tout à la fois le plus simple et le plus facile à mettre en pratique, toutefois nous serons très heureux d'avoir votre appréciation et, à l'occasion, vos critiques, avant de le mettre à exécution.

Dans tous les cas vous pouvez annoncer au prochain Congrès des Jaunes qu'il existe à Cherbourg une Société anonyme pratiquant l'accession du capital à son personnel ouvrier.

Je souhaite un plein et entier succès à ce Congrès en vous priant de nous excuser de ne pouvoir y assister.

Tous nos vœux les plus sincères pour sa complète réussite.

Avec mon meilleur souvenir et mes remerciements anticipés, je vous prie d'agréer, Monsieur le Président, l'assurance de mes sentiments de cordial dévouement.

ACH. M.

CONTRAT DE PARTICIPATION ENTRE UN FERMIER ET SES OUVRIERS AGRICOLES (1).

Exposé

Dans le but d'affirmer la solidarité d'intérêts qui existe entre les patrons agricoles et leurs collaborateurs, M. X... se propose d'associer à l'exploitation de sa ferme, — et aux autres exploitations qu'il pourrait être amené à y adjoindre, — ceux de ses ouvriers qui travaillent à demeure, c'est-à-dire ses charretiers, bergers, bouviers, ainsi que les ouvriers journaliers et tâcherons *travaillant* à l'année. Il leur propose donc de s'intéresser avec lui pour une durée de dix ans à ladite exploitation, en souscrivant 1/5, soit 20 o/o du capital par lui engagé tel qu'il sera évalué, et quelle que soit par la suite l'augmentation ou la diminution de ce capital, suivant que son exploitation sera étendue ou restreinte.

Et pour faire de suite participer ses collaborateurs aux bénéfices que pourra produire l'exploitation pendant les deux premières années qui suivront la signature des présentes, M. X... leur offre de leur abandonner gracieusement 10 o/o de ces bénéfices et de les affecter à la libération de parts ci-après créées.

1. Ce contrat fut rédigé par le conseil judiciaire de la *Fédération nationale des Jaunes de France* pour être appliqué dans les entreprises de Seine-et-Marne et Seine-et-Oise.

En conséquence, M. X... expose à ses collaborateurs, qui le reconnaissent, qu'il est aux termes d'un bail en date du   fermier du domaine de   moyennant un fermage annuel de   avec, en outre, les impositions à sa charge.

Il a pour l'exploitation de ce domaine engagé un capital représenté par le matériel agricole, les valeurs en terre, le bétail, les chevaux, harnais et voitures, les engrais, le fond de roulement et la plus-value résultant de   années de culture intensive.

La valeur exacte et actuelle de ce capital d'exploitation sera déterminée au moyen d'une expertise à laquelle procéderont deux hommes du métier choisis, l'un par M. X..., l'autre par ses ouvriers, et qui, en cas de désaccord, pourront s'adjoindre un troisième expert. Le capital fixé par l'expertise sera pour tous considéré comme représentant la valeur réelle du capital d'exploitation dont 1/5 est mis par M. X... en participation à la disposition de ses ouvriers, ainsi qu'il va être ci-après expliqué.

Création de parts de participation de collaborateurs. — Pour réaliser cette participation, les ouvriers attachés à la ferme dans les conditions ci-dessus énoncées, et qui adhéreront au présent co at, devront souscrire des parts de participation de collaborateurs qui sont émises au capital nominal de 100 francs et pourront être par eux libérées au fur et à mesure de leurs économies ou par prélèvement sur leurs salaires.

Les versements ne pourront pas être inférieurs à 25 francs, ils seront faits à M. X... qui en délivrera des reçus extraits d'un registre à souche, et lorsqu'un ouvrier aura acquitté une part entière, il lui sera délivré un titre nominatif représentatif de cette part.

Droits des parts de participation de collaborateurs. — Les parts ne donneront aucun droit quelconque à la direction de l'entreprise — qui appartiendra exclusivement et sans contrôle à M. X...., gérant de l'exploitation, — mais elles seront au fur et à mesure de chaque versement, productives d'intérêts à 4 o/o payables tous les 1ᵉʳ janvier, sous déduction des impôts résultant des lois de finances qui pourraient grever lesdites parts.

Elles donneront en outre droit à une quote-part dans les bénéfices, et participeront aux résultats de la participation qui fonctionnera de la façon suivante :

Fonctionnement de la participation. — M. X...., gérant de la participation, a droit à la rémunération tant du capital par lui engagé, que de la direction qu'il donne à l'entreprise ; en conséquence :

1° Il touchera l'intérêt à 4 o/o du capital par lui engagé, ledit capital devant varier suivant celui qui aura été souscrit par ses ouvriers ; 2° il aura droit comme rémunération de sa gérance aux logements et dépendances qu'il occupe dans la ferme — à l'usage de deux chevaux et des voitures pour son usage personnel et celui de la ferme — à la consommation des produits de la basse-cour, du laitage, des fruits et légumes, à l'entretien et à la jouissance et ainsi qu'aux frais d'entretien des jardins d'agrément, vergers et potagers, plus à un salaire fixe de 300 francs par mois.

Il pourra en outre s'adjoindre, pour la direction, un chef de culture participant ou non qui aura droit aussi en sus de son salaire aux logement et dépendances par lui occupés, ainsi qu'aux légumes, chauffage et autres avantages qui lui sont actuellement faits.

Ces intérêts, salaires et rémunérations attribués à M. X... et à son chef de culture, les intérêts des parts ouvrières, les salaires des ouvriers, de même que les frais qu'entraînera la participation, rentreront dans les « frais généraux » de l'exploitation, lesquels comprendront en outre : le paiement du fermage, les impôts mis à la charge du fermier, l'entretien et l'acquisition du matériel, l'acquisition et la nourriture des animaux, l'assurance du personnel, des bâtiments, du bétail et des récoltes, l'achat des engrais, les agencements à faire, — en un mot tous les frais de culture généralement quelconques et autres qui étaient antérieurement à la charge exclusive du fermier.

L'exercice annuel de l'exploitation courra du 1er janvier au 31 décembre de chaque année.

Les bénéfices nets seront constitués par le produit de l'exploitation au 31 décembre de chaque année, déduction faite des frais généraux sus énoncés.

Sur ce produit, il sera prélevé 5 o/o pour constituer une réserve destinée à faire face aux éventualités, laquelle sera, par les soins du gérant, employée en valeurs de tout repos dont il aura l'administration et la responsabilité, et qui appartiendra à tous les participants dans la proportion de leurs droits, sous les restrictions ci-après.

Une partie de cette réserve pourra aussi, d'accord entre le gérant et les participants, être employée en livrets de caisse de retraite pour la vieillesse, ou en fonds de prévoyance, ou servir à la constitution d'une caisse de secours mutuels pour les participants et leurs familles, contre la maladie, en cas de décès, etc.

Le surplus des bénéfices nets sera réparti entre M. X... et les participants proportionnellement aux droits de chacun. Ne participeront à ces bénéfices que les sommes versées dans les six mois au moins précédant la clôture de l'exercice, donc antérieurement au 1ᵉʳ juillet, et proportionnellement au temps pendant lequel elles auront été effectivement versées.

Ces bénéfices pourront être par les titulaires de parts affectés à la libération de leurs parts ou à la souscription de parts nouvelles, et, pour les versements provenant de cette origine, il n'est prescrit aucun minimum.

Ainsi qu'il a été dit ci-dessus et toujours pour faciliter l'accès de ses collaborateurs à cette participation, en leur constituant immédiatement un fonds en capital, M. X... consent dès la signature des présentes, à prélever à la fin des deux premiers exercices une quote-part de 10 o/o sur les bénéfices que produiront ces exercices — calculés ainsi qu'il est dit — et à les leur attribuer, en les affectant à la libération de parts qu'il répartira entre ses ouvriers proportionnellement au temps qu'ils auront déjà passé à son service.

Si l'exploitation donne des pertes au lieu de bénéfices, les pertes résultant des deux premiers exercices seront avancées par le gérant qui récuperera le montant de ses avances sur les bénéfices des autres années.

A partir de la troisième année, les pertes seront d'abord prises sur la réserve, puis supportées proportionnellement par tous les participants, de telle sorte que la valeur des parts de collaborateurs sera diminuée de la quote part des pertes incombant à chaque intéressé, étant entendu qu'alors les intérêts de ces parts diminueront proportionnellement.

Nature des parts. — *Cession.* — *Transferts.* — Les parts sont insaisissables pour quelque cause que ce soit.

Elles sont cessibles, mais la cession de parts ne sera permise *de condition expresse*, qu'entre les titulaires de parts et interdite à toute personne étrangère à l'exploitation.

Si un titulaire veut s'en dessaisir, il sera tenu d'en aviser le gérant qui portera le fait à la connaissance des autres titulaires lesquels auront huit jours, à partir de l'avis qu'ils auront reçu, pour déclarer s'ils sont preneurs et à quel taux ; le plus offrant aura la préférence.

La cession de parts faite dans ces conditions emportera la cession des avantages y afférents, échus ou non au moment de la transmission.

Faute par les autres titulaires de s'en être rendus acquéreurs, M. X... sera tenu de reprendre les parts ainsi offertes d'après leur valeur en inventaire, en ce compris tous les intérêts et bénéfices alors acquis, et en outre, la part y afférente dans la réserve constituée ainsi qu'il est dit plus haut.

En cas de décès d'un titulaire, ses héritiers ne pourront conserver la part de leur auteur que si l'un d'entre eux est admis à occuper dans l'exploitation de M. X... la place du défunt ; à défaut de cette circonstance, ses parts deviendraient disponibles : il serait alors procédé comme il est ci-dessus au règlement et à l'attribution de ces parts, soit aux autres titulaires, soit au gérant.

Si un ouvrier part de son plein gré, il sera tenu de céder toujours dans les mêmes conditions, sa ou ses parts de collaborateur, soit à d'autres titulaires, soit au gérant et de donner quitus définitif à ce dernier contre le règlement de tous les droits et avantages afférents à ses parts.

Au cas où, par sa conduite, un participant obligerait M. X... à le renvoyer, il serait immédiatement par celui-ci remboursé de ses droits de participant en principal et intérêts, mais perdrait tout droit, tant aux bénéfices de l'année courante qu'aux avantages résultant pour lui de la constitution de la réserve.

Les cessions auront lieu au moyen d'un transfert inscrit sur un registre où seront relatées aussi les décisions intéressant la participation. Le transfert sera signé du cédant ou de ses héritiers, du cessionnaire, du gérant, et inscrit au dos du titre.

Au cas de départ ou de renvoi d'un ouvrier et de refus par lui de signer la cession, son titre sera annulé suivant décision du gérant et des délégués, laquelle sera inscrite sur le registre du transfert et lui sera notifiée.

Délégation des titulaires de parts. — Les titulaires de parts délégueront deux d'entre eux qui seront chargés de discuter et traiter avec le gérant toutes les opérations intéressant les participants (en dehors de la gestion de l'exploitation confiée exclusivement à M. X...) et notamment toutes les questions relatives à l'établissement des comptes, toutes ces questions d'intérêt commun ne pouvant être réglées que par un accord absolu entre le gérant et les délégués.

C'est également à eux que le gérant fera connaître les résultats de l'exercice annuel, et avec eux qu'il arrêtera le chiffre des bénéfices revenant à chaque part ainsi que l'emploi de la réserve, comme aussi le chiffre des pertes et la diminution de valeur en résultant pour chaque part.

Les résolutions prises tant sur des questions courantes qu'en fin d'exercices seront rédigées d'accord, inscrites, datées et signées tant du gérant que des délégués sur un registre spécial de la participation et alors elles engageront tous les participants au même titre que les présentes.

En cas de désaccord entre le gérant et les délégués, la question sera réglée par un arbitrage dans les conditions ci-après : le gérant choisira un arbitre pris parmi des hommes du métier, les délégués en choisiront un autre dans les mêmes conditions, ces deux arbitres pourront s'en adjoindre un troisième en cas de désaccord entre eux et le tribunal arbitral ainsi constitué, tranchera souverainement les questions qui lui seront soumises et sa décision obligera tout le monde.

Les frais de l'arbitrage rentreront dans les frais généraux de l'exploitation.

Fin de la participation, remboursement des parts. — La participation prendra fin et sera en conséquence liquidée dans les circonstances suivantes :

A l'expiration du délai de dix ans sus-énoncé ;

Au décès de M. X..., à moins que ses héritiers reprenant l'exploitation, consentent à rester dans le *statu quo*, ce dont ils devront aviser les participants dans les trois mois du décès de leur auteur ;

Au cas où, pour une raison quelconque, M. X... serait amené à céder son exploitation ; mais son cessionnaire serait en droit de se substituer purement et simplement à lui dans le présent contrat de participation, qui alors continuerait de plein droit entre lui et les ouvriers participants.

La liquidation de la participation se fera au moyen d'une expertise contradictoire qui fixera alors la valeur du capital d'exploitation, comme elle l'aura fixée à l'origine de la participation. La valeur réelle des parts sera déterminée par cette évaluation et c'est celle que M. X..., ses héritiers et son cessionnaire seront tenus de rembourser aux participants avec la part proportionnelle leur revenant dans la réserve.

Enregistrement. — Les présentes conventions n'étant pas destinées à être rendues publiques, n'ont pas à être soumises à la formalité de l'enregistrement. Si cette formalité dans l'avenir était rendue nécessaire par suite de difficultés soulevées par un des intéressés, tous les frais d'enregistrement, amendes, droits et doubles droits seraient à la charge de celle des parties qui par son fait ou sa faute aurait entraîné ces frais.

Fait en autant d'originaux que d'intéressés.

LA FOUGERAISE

C'est une société anonyme qui fut fondée en avril 1909, pour la fabrique de la chaussure, à Fougères (Ille-et-Vilaine). C'est la première maison fondée par les Jaunes et dans laquelle ils ont tenté, avec succès d'ailleurs, l'application de la doctrine d'association du capital et du travail.

La société *La Fougeraise* a été constituée au capital de 150.000 francs. Elle occupe une centaine d'ouvriers. L'effort du fondateur fut de trouver le plus d'actionnaires possible parmi les futurs ouvriers dont il voulait faire ses collaborateurs. Malheureusement, la crise intense qui sévissait depuis 1907 sur Fougères n'a pas permis aux ouvriers de contribuer dans une part assez grande à la constitution de la société. Néanmoins, 6o ouvriers ont souscrit 3oo actions de 100 francs, soit un capital de 3.ooo francs. Les statuts de la société prévoient la participation aux bénéfices et la priorité pour les ouvriers en cas d'augmentation du capital.

I. — HENRI BRIGGS, FILS & C^{le}.

Le premier essai de participation au capital fut tenté dans les houillères appartenant à la firme Henry Briggs fils et Cie, situées dans le voisinage de Normanton dans le district ouest du comté de Yorkshire. C'est en 1865 que M. H. C. Briggs songea à appliquer ce système dans son industrie.

Jusqu'à cette époque de nombreuses grèves et des lock-outs avaient entravé la marche régulière de la mine et menacé un instant la situation de la firme. M. Briggs conçut le plan de diminuer l'influence des trade unions sur ses ouvriers par l'association du capital et du travail. « Le *Companies Act* de 1862 ouvrait la route à l'institution légale d'une pareille association. Une nouvelle société anonyme fut constituée en juillet 1865. Le capital de l'ancienne firme était en 1860 de 1.875.000 francs. En 1865 il s'élevait à 2.150.000 francs. Augmentant légèrement ce chiffre, la nouvelle compagnie émit 9.000 actions de 250 francs chacune, et bientôt après, 1.000 actions nouvelles. MM. Briggs retinrent lés deux tiers de la première émission, s'assurant ainsi prudemment le contrôle de leur affaire. Le tiers restant fut mis en vente, la préférence étant donnée aux agents, employés et ouvriers de la compagnie (1).

Mais la maison Briggs ne s'en tint pas là. En novembre 1865 elle publia une circulaire ainsi conçue : « Afin d'associer le capital au travail d'une façon encore plus intime, les fondateurs de la société annoncent aux actionnaires que toutes les fois que les bénéfices à distribuer provenant de l'affaire (après les réserves usuelles pour l'amortissement du capital et autres légitimes allocations) excéderont 10 o/o du capital engagé, tous ceux qui sont employés par la compagnie, soit les directeurs ou agents à salaires fixes, soit les ouvriers, recevront comme boni la moitié de ces excédents qui devra leur être distribuée proportionnellement, et comme un pourcentage à leurs salaires respectifs pendant l'année dans laquelle ces bénéfices auront été réalisés ». Ainsi, après avoir fait les retenues d'abord pour le fonds de réserve habituel, secondement 10 o/o de dividende au capital (5 o/o pour l'intérêt et 5 o/o pour les risques), et troisièmement pour le salaire de l'administration, les bénéfices restant doivent être également partagés entre les

1. « Profit sharing between Employer and Employee » by N. P. Gilman, *The Riverside Review* (Mass.), Etats-Unis (1900).

actionnaires d'une part et les employés d'autre part. Deux conditions, la première importante et la seconde insignifiante devaient être observées par le travailleur. S'il n'était pas actionnaire, son boni n'était que les deux tiers de celui que recevait un ouvrier actionnaire, et si, au début, il ne se rendait pas apte à la participation en achetant un carnet sur lequel ses salaires seraient inscrits au moins une fois tous les quinze jours, il restait entièrement en dehors de la participation.

MM. Briggs conservèrent naturellement le contrôle entier de leur affaire et de leur comptabilité ; mais ils appelèrent à l'occasion un comité d'ouvriers pour discuter avec eux sur les propositions pour améliorer les procédés de travail de la mine, et à la fin de chaque exercice un comptable public choisi par les actionnaires était employé pour vérifier les comptes.

La première année, quand le résultat des douze mois fut déclaré, il fit une profonde impression sur les ouvriers, car les directeurs pouvaient annoncer un dividende de 10 o/o sur le capital versé, et 22 o/o de boni. La somme de 45.000 francs, représentant ces 22 o/o, fut allouée aux employés qui s'étaient qualifiés pour être participants. La distribution de cette somme considérable aux porteurs de carnets fut une leçon de choses efficace. 80 o/o des mineurs se hâtèrent de se faire qualifier pour participer aux futures distributions et il y eut un sentiment de satisfaction générale du nouveau système. Trois ans après, 144 ouvriers sur 989 possédaient 178 actions, soit 44.500 francs de capital.

HAZELL, WATSON & VINEY
Imprimeurs et relieurs, *Londres*.

La maison **Hazell, Watson et Viney** est une des plus considérables entreprises d'imprimerie d'Angleterre. Elle occupe aujourd'hui 1.300 ouvriers et employés. La première pensée de M. Walter Hazell fut d'inciter ses ouvriers à faire des économies. Pour cela il créa, il y a trente-cinq ans, une *caisse d'épargne*. Un employé par chaque service reçoit chaque semaine les sommes qui sont offertes, ou bien les déposants peuvent lui donner l'ordre de verser à leur compte d'épargne jusqu'à une semaine de leurs salaires, en attendant un nouvel avis. L'intérêt était au début de 5 o/o, mais depuis 1898 il a été abaissé à 4 o/o et la réduction ne paraît pas avoir eu d'effet sur les dépôts effectués. Au début, quand les dépôts étaient peu importants et que l'habitude de l'épargne n'était pas si développée, la plupart des dépôts étaient retirés à la Noël ; mais aujourd'hui ils restent plus longtemps. Les recettes

sont naturellement plus fortes quand les journées
de travail sont plus longues et les retraits plus nombreux au moment des vacances. La même discrétion
est observée pour ces comptes que dans les banques
ordinaires. « En 1882, écrit M. Hazell (1), un essai
pour améliorer notre système échoua piteusement.
Je m'étais arrangé avec le grand-maître des postes
qui devait envoyer des employés auprès de nos
ouvriers chaque semaine pour recevoir leurs dépôts,
qui seraient versés directement en comptes séparés
à la Caisse d'épargne postale. Nous paierions simplement le temps des fonctionnaires et nous mettions
à leur disposition le local nécessaire. Les dépôts
diminuèrent. Ce résultat fut-il dû à l'indifférence
ostensible des fonctionnaires, ou à toute autre
cause, je ne sais.

« Au bout d'une année, nous rouvrîmes nos propres caisses, qui ont toujours régulièrement augmenté depuis. Il y a aujourd'hui 439 comptes ouverts, et le montant des dépôts est de 206.150 francs.
Comme gage, nous avons placé à 4 o/o des obligations pour une somme de 250.000 francs, entre
les mains de nos administrateurs, de telle sorte que
quoi qu'il arrive à l'entreprise, nos déposants seront
absolument saufs. Les dépôts peuvent être retirés
après avis d'une semaine quoique nous nous soyons

1. *The promotion of Thrift Fund Working Printers*, Walter Hazell, Londres.

réservé, comme sauvegarde, le droit de demander un avis préalable de trois mois. Nous devons beaucoup aux employés qui accomplissaient ce travail très plaisamment et il est probable que le tact personnel est pour beaucoup dans le succès de nos caisses d'épargne. Un exemple singulier de l'avantage d'une intervention discrète personnelle est donné par un de nos contremaîtres qui entreprit lui-même de recueillir les souscriptions; principalement des plus jeunes employés, qui étaient transmises aux caisses d'épargne pour être retirées au moment des vacances d'été. Le nombre des versements fut très grand. Je suppose que les relations avec un contremaître dans leur propre atelier paraissaient moins formidables que d'aller au bureau pour effectuer un dépôt.

« Notre effort suivant, dans le même sens, fut de donner à nos employés la faculté de devenir actionnaires. Ceci fut commencé en 1890. J'offris un nombre limité de nos propres actions ordinaires de 250 francs, qui pouvaient être payées par des versements hebdomadaires de 1 shilling par action. Elles furent demandées à leurs cours sur le marché, soit 425 francs, mais comme le paiement était espacé sur 340 semaines et que cependant les souscripteurs recevaient tous les dividendes dus, soit 9 ou 10 o/o par an, le résultat fut que presque toute la prime versée par le souscripteur lui retournait sous forme de dividendes et finalement l'action devient la propriété de l'acheteur à environ les trois quarts de sa valeur sur le marché. Un système d'assurance fut compris dans ces versements. Il fut convenu que du moment où le souscripteur payait son premier shilling, s'il décédait, l'action devenait la propriété de sa famille sans paiements ultérieurs. L'idée fut acceptée cordialement, et beaucoup plus d'actions furent demandées que je n'en avais mis en circulation. Finalement 444 actions furent souscrites par 217 personnes. Les paiements furent complétés avec une grande régularité, en six ans et demi. A la fin de ce temps, certaines personnes qui avaient quitté la maison, ou pour d'autres raisons désiraient retirer leur argent, reprenaient leurs versements, mais pour chaque retrait un souscripteur venait aussitôt prendre sa place et finalement les 444 actions devinrent la propriété de 160 personnes. Pour couronner cette œuvre, en 1897, mes co-directeurs et moi fûmes invités par nos employés à une assemblée qu'il faut considérer comme un événement mémorable dans l'histoire de notre maison.

« La compagnie a fait ensuite une autre émission, qui différait en système, mais non en valeur, de la première. Des actions similaires furent offertes à (12 liv. 10 sh.) 312 fr. 50 payables par acomptes, mais les dividendes n'étaient versés au souscripteur que lorsque tous les versements étaient effectués. Ce plan ne fut pas si populaire que le premier, probablement parce que la distribution de dividendes, peu après que les versements hebdomadaires étaient commencés, était considérée comme une condition satisfaisante. Cependant 90 personnes souscrivirent 178 actions. Plus tard, la compagnie offrit de nouvelles actions dans les conditions du début (en 1890), et 259 personnes souscrivirent 401 actions. Les derniers versements furent complétés l'an dernier et aujourd'hui nous avons 175 actionnaires qui sont à notre service, sans compter ceux qui ne travaillent plus dans la maison et les directeurs ou administrateurs. Ils possèdent 771 actions qui sont cotées aujourd'hui sur le marché au delà de 325.000 francs.

« On peut remarquer que les actionnaires actuels ont grandement diminué en nombre et en valeur, sur les 500 personnes qui au début souscrivirent 1085 actions.

« Mais quinze années ont passé depuis que nous avons commencé ce système, et plusieurs changements sont parvenus pendant ce temps. La plupart quand ils quittaient notre service, avaient vendu leurs actions, quoique nous ne leur demandions pas de le faire ; d'autres l'avaient fait pour se procurer de l'argent en cas de besoin, ou pour réaliser un bénéfice, car ils avaient pu acheter à un prix plus bas que le cours du marché ; mais un certain nombre de nos premiers employés, en plus des 175 cités plus haut, conservèrent leurs relations avec nous en restant actionnaires.

« Ces méthodes, en aucune façon, n'ont embarrassé nos relations d'affaires avec nos employés; personne n'est plus ou moins sûr de sa place parce qu'il est ou n'est pas lié par ces arrangements purement facultatifs. Quel effet précis ils ont en rendant les ouvriers plus intéressés dans la maison et dans les affaires, il est impossible de l'établir exactement, mais l'influence est certaine dans ce sens. Un cas survint il y a quelque temps, où un petit nombre d'hommes demandèrent quelque chose qui nous parut peu raisonnable ; l'un d'eux protesta contre leurs idées et il devint actionnaire par la suite. Le bénéfice des employés, sans un résultat correspondant pour la maison, me paraît très clair. Ils ont acquis l'avantage éducateur d'être mieux instruits des affaires de la maison par laquelle ils sont employés. Ils sont encouragés à des efforts personnels pour leur avancement et rien n'est fait pour contrarier leur indépendance en aucune façon. Des centaines de travailleurs sont en train de devenir ainsi lentement de petits capitalistes et ainsi augmentent d'autant leur sauvegarde contre les mauvais jours. Des employés m'ont dit et redit que ces méthodes les encourageaient à l'épargne ».

Nos quatre systèmes pour rendre possible aux

employés l'achat d'actions ont été basés sur le principe qui consiste à offrir les actions à environ le trois quart du prix qu'elles pourraient être vendues sur le marché. Le seul inconvénient que nous ayions trouvé dans les trois premiers systèmes, fut que les employés, quand ils vendaient leurs actions, les cédaient à des personnes étrangères à la maison et notre grand désir est de rendre nos employés, de plus en plus des associés dans la maison. Nous publiâmes un nouveau plan l'an dernier.

Nous avons invité tous nos employés, les directeurs excepté, à souscrire un nombre limité d'actions qui sont cédées à 250 francs chacune, ce qui est un prix inférieur à leur valeur.

Les paiements peuvent être faits par versements hebdomadaires qui ne peuvent être inférieurs à 1 shilling par semaine et par action.

Tant que les versements ne sont pas terminés on ne touche pas de dividende, mais, comme compensation, le système d'assurance, qui fut si populaire dans des circonstances antérieures sera continué. Le paiement peut être complété en tout temps, et l'émission du certificat d'action et le paiement des dividendes dateront du premier jour du trimestre qui suivra le complément des versements.

Afin d'assurer que les actions seront bien en la possession des employés, les restrictions suivantes seront imposées quant à leur vente :

1° Actionnaires quittant la compagnie avant cinquante ans d'âge. — Tous actionnaires qui quittent la compagnie pour quelque cause que ce soit avant d'avoir atteint l'âge de cinquante ans, seront tenus d'offrir leurs actions, au prix payé par eux (soit 250 francs), à un autre employé de la compagnie. Si quelque descendant des actionnaires, qui quittent ainsi la maison, est au service de la compagnie, les actions peuvent lui être transférées. Si les actionnaires n'ont pas de descendants, au service de la maison, ils devront alors avertir les directeurs de leur intention de vendre leurs actions. Le devoir des directeurs sera de trouver un employé ou quelqu'autre personne pour acheter les actions à 250 francs. Si les directeurs ne réussissent pas à trouver un acheteur dans le mois qui suit l'avis qui leur a été donné, les actionnaires auront alors toute liberté pour garder leurs actions ou pour les vendre sur le marché au meilleur prix possible.

Les mêmes conditions seront appliquées à tout actionnaire qui désirerait vendre ses actions, tout en restant employé de la compagnie ;

2° Actionnaires quittant la compagnie après cinquante ans d'âge. — Les actionnaires qui ont atteint l'âge de cinquante ans avant de quitter la compagnie, auront le privilège de rester en possession de leurs actions pour la vie, et après leur mort la clause 4 sera appliquée ;

3° Actionnaires mourant avant que tous les paiements aient été effectués. — Si le souscripteur meurt après avoir effectué son premier versement et avant que ces versements soient terminés, toute responsabilité ultérieure quant aux versements sur ses actions cessera, et les actions deviennent la propriété de ses héritiers, qui pourront en user exactement de la même façon que des actions des souscripteurs décédés après avoir effectué tous leurs versements, et tel que cela est décrit dans le paragraphe suivant ;

4° Actionnaires mourant après avoir effectué tous leurs versements. — A la mort de l'actionnaire, à tout âge, la veuve peut conserver les actions, si elle le désire, durant sa vie. A sa mort les actions doivent être transférées, dans les conditions indiquées au paragraphe 1.

5° Le nombre des actions qui peuvent être accordées est limité et ne peut excéder cinq par chaque employé. — Dans leur répartition la préférence sera donnée à ceux qui auront le plus long temps de service dans la compagnie et à ceux qui peuvent acheter des actions à un plus haut prix ;

6° Il est bien entendu que l'argent servant à payer les actions doit provenir des épargnes de l'actionnaire lui-même, qui ne doit pas agir pour le compte d'un tiers.

7° Jusqu'à ce que les versements soient effectués,

Czulowski   11

le souscripteur peut retirer son engagement en tout temps, et l'argent versé lui est rendu. Quand les versements sont terminés et que le certificat d'action est émis, l'actionnaire accepte tous les risques et responsabilités d'un actionnaire ordinaire.

En établissant ce nouveau règlement pour les employés désireux de devenir actionnaires (29 juin 1907), MM. Hazell, Watson et Viney, administrateurs de la compagnie, publiaient la formule d'un bulletin de souscription.

A MM. Hazell, Watson et Viney,

.... 1907

Je désire souscrire............ actions de 250 francs chacune, d'après le système des actions de travailleurs et les payer par des versements hebdomadaires de..... par actions et par semaine, ou en une seule fois.

J'achèterai ces actions avec mes propres économies et je n'agis pas pour le compte d'un tiers.

Signature......
Adresse.......

Au 31 mars 1908, MM. Hazell, Watson et Viney publiaient leur bilan. Le montant des dépôts effectués par les employés de la maison dans les caisses d'épargne de la compagnie s'élevait à 297.285 francs.

A l'époque de sa fondation (1885), le capital versé se montait à 117.345 francs et les bénéfices étaient de 14.398 francs. En 1908, le capital ordinaire est de 330.000, le capital de préférence de 70.000, en outre il y a 40.000 francs d'obligation et les bénéfices sont montés à 22.501 francs.

Le succès du système appliqué par cette maison a permis aux directeurs de créer une caisse, *The Thrift Fund*, « par laquelle, nous écrivit M. Walter Hazell, président de la compagnie, nous avons prêté environ 250.000 francs pour permettre à nos employés d'achéter leurs propres maisons ou d'améliorer leur situation par d'autres moyens.

« Je considère que tous nos efforts pour favoriser un profit quelconque auront le meilleur effet et, je l'espère, serviront d'exemple aux autres employeurs.

« Je n'ai pas besoin d'ajouter que j'ai fait comprendre aux employés actionnaires qu'ils prennent ces actions avec tous les risques que comporte toute affaire, et je pense que ce sont seulement les affaires qui ne sont pas spéculatives et dont les bénéfices sont franchement constants, qui sont propres à l'application du travail associé de la façon dont je vous l'ai décrit. »

Le nombre des dépôts et leur montant étaient au 31 mars 1907, dans les caisses d'épargne de la maison :

Ateliers	Montant des dépôts	Nombre de dépositaires
D'Aylesbury	112.800	175
De Kirby-street	63.800	163
De Long Acre	63.575	142
	240.175	480

A la réunion du nouvel an, en janvier 1909, M. Walter Hazell annonça que plus de 250 employés avaient soldé leurs actions pour un montant de 375.000 francs et que 100 autres auraient bientôt payé les leurs. Environ 500 employés ont placé leur argent dans les caisses d'épargne de la maison pour un total de 200.000 francs, 500 ont placé 300.000 fr. dans le fonds de prévoyance et ils s'arrangent pour payer 10 shillings de pension par semaine aux ouvriers au delà de soixante ans. L'argent déposé par les ouvriers rapporte 4 o/o.

LA PROPOSITION DE SIR CHRISTOPHER FURNESS

Le mercredi 30 septembre 1908, M. Christopher Furness se présentait devant la conférence des représentants des trade unions à West Hartlepool pour développer un projet d'association du capital et du travail dans les chantiers de sa compagnie.

M. Christopher Furness proposait d'aider ses ouvriers à devenir associés dans sa maison par la création d'actions ouvrières dans les chantiers de construction de Middleton à Hartlepool et dans le « Harbour Dockyard », à Hartlepool. Ces actions devaient être payées par des versements ou retenues de 5 o/o sur les salaires des ouvriers, et tous les travailleurs pouvaient entrer dans la combinaison ;

tout homme qui quitterait le service de la compagnie serait tenu de vendre ses actions à un camarade employé dans la compagnie à un prix imposé ou fixé par arbitrage. Ces actions doivent rapporter un intérêt fixe privilégié de 4 o/o, que la compagnie distribue un dividende plus élevé ou non. L'autre capital de la compagnie doit aussi recevoir un intérêt fixe de 5 o/o avant qu'aucun dividende ne puisse être déclaré. Après ces paiements, les deux catégories d'actions participeraient dans les dividendes déclarés. Mais l'intérêt et les dividendes des employés ne seraient versés aux intéressés qu'autant que les actions seraient entièrement payées ; ils peuvent être crédités comme paiements des acomptes sur les actions.

Ceci est une partie du contrat. L'autre est que « en aucune occasion que ce soit les associés employés ne pourront se mettre en grève contre les instructions et les décisions de leurs associés chargés de l'administration de l'affaire ». Pour permettre les transactions ou les arrangements sur les sujets en discussion, il sera constitué un *Conseil du Travail*, qui sera composé d'un nombre égal de représentants des employés et de représentants de la compagnie. Son but principal, expliquait Sir Christopher Furness, est de favoriser les rapports amicaux entre la compagnie et ses ouvriers associés dans toutes les affaires d'intérêt commun, et une de ses fonctions importantes sera de prendre en considération sur le moment, avant qu'aucune mauvaise humeur ne les ait pénétrés, tous les sujets ou incidents capables de donner naissance à des conflits. Ce conseil renfermera des délégués élus par les ouvriers et aussi des fonctionnaires de la trade union du district. Il n'aura naturellement aucun pouvoir exécutif. Dans le cas où il serait impuissant à amener un accord, le litige serait soumis à une Cour d'arbitrage, composée de trois membres de chaque section du Conseil du Travail et d'un arbitre (apparemment le juge du district) nommé par le conseil du travail. A défaut d'arrangement, on profiterait du mécanisme établi par le « Board of Trade » (ministère du Commerce et de l'Industrie) (1).

Le 26 novembre 1906 eut lieu une seconde réunion.

Ce sera une date historique dans les annales industrielles que le jour où M. Christopher Furness prit la parole à la réunion des représentants des trade unions et de ses ouvriers à West-Hartlepobl. Ceux auxquels les propositions de participation avaient été renvoyées, ont consenti à un essai d'expérience de douze mois. Le refrain de la critique qui a été dirigée contre ce système est que l'ouvrier ne serait intéressé financièrement qu'à un faible

1. *Engineering*, 36. Bedford street, Londres (octobre 9, 1908).

degré. La réponse de sir Christopher sur ce point fut irréprochable. « Ce ne peut être la faute des propriétaires directeurs si de petites sommes placées ne produisent que de petites sommes d'intérêts. Les administrateurs sont disposés à payer sous forme d'intérêts sur les placements ou dépôts des ouvriers près du double de la somme qu'ils toucheraient des caisses d'épargne postale. Malgré les réserves nécessaires qui doivent être faites pour les dépréciations et les améliorations, dans quelques années les participants trouveront que leurs parts ont matériellement augmenté de valeur. « Après tout, les meilleurs dividendes ce ne sont pas les « livres, shillings ou pence », mais la paix personnelle et la liberté individuelle venant après la tourmente. Si de nouveaux conflits éclatent sur des sujets d'une haute importance qu'ils ne pourraient régler par leurs propres conseils, les participants se sont engagés mutuellements à soumettre ces conflits à un tribunal d'arbitrage et à s'en tenir à sa décision. » Avec le fonctionnement des conseils du travail, M. Christopher est plein d'espoir qu'aucune occasion ne se présentera de recourir à la Cour d'appel suprême. Les conseils du travail seront une organisation dans laquelle tous les membres de la fédération des intérêts dans la production trouveront un terrain commun pour se réunir sur un pied d'égalité. Il a été entendu qu'en matière d'heures de travail, de salaires et de listes de récompenses, la position de l'usine serait déterminée par les coutumes réglant au dehors les usines auxquelles le trade unionisme soit volontairement, soit par contrainte, aurait donné son assentiment. Ainsi, tandis qu'il n'y aurait ni grève ni lock-out dans ses ateliers, ils adopteraient automatiquement tout ce qui pourrait être fait et considéré comme une coutume générale de la région. Des dispositions seront prises pour l'encouragement et la protection des travailleurs qui inventeraient un changement dans les méthodes de travail, le développement des machines et en général une amélioration dans la construction des navires (1).

Au mois de mai 1909, eut lieu le lancement du premier navire construit par la *Middelton Shipyard of the Irvine's Shipbuilding and Dry Docks Company* à West Hartlepool. Le directeur, M. Purdon, constata que les ouvriers avaient fait preuve d'un courage particulier et ne se soumettaient pas seulement à leurs propres engagements, mais aidaient la maison dans la mesure du possible et dans chaque petit détail. Sir Christopher Furness parla ensuite et dit que de toute évidence les ouvriers avaient montré déjà que le système d'association avait plus que justifié son organisation. M. Macnamara, secrétaire parlementaire de l'Amirauté, paya lui aussi un tribu d'éloges au « travail associé ». «L'*Asiana* (2), dit-

1. *Co-Partersnhip*, décembre 1908.
2. Nom du bateau lancé.

il, est le premier fruit du grand projet .de sir Christopher Furness destiné à amener une coopération plus étroite entre le capital et le travail. C'est pourquoi ce lancement est en quelque sorte une époque dans l'industrie anglaise. Je crois que l'association du capital et du travail aura une influence galvanisante qui doit créer des relations plus fructueuses et plus amicales entre le capital et le travail ».

Au bout d'un an d'application du système, le secrétaire de la compagnie vient d'annoncer que les actionnaires employés recevraient un intérêt de 4 o/o, les actionnaires ordinaires 5 o/o, avec un dividende de 5 o/o pour les deux catégories sont 9 o/o en tout pour les employés. Les directeurs indiquent que ce résultat extraordinaire pourra être maintenu si le système de participation est adopté d'une façon permanente et ils invitent les employés actionnaires à faire connaître leur avis sur ce sujet. Ils ajoutent :

« Généralement, tous les départements de la compagnie ont été bien occupés et quoiqu'il y ait encore du travail en chantier, mon conseil est gêné par la date prochaine à laquelle a été limité l'essai de participation. La compagnie a été fréquemment invitée à soumissionner pour la construction et la réparation de navires. Mais considérant les expériences malheureuses qui ont causé des pertes si sérieuses dans la construction du stea-mer *Victoria* et des trois steamers de la Hambourg-america — il y eut respectivement 152, 273, 304 et 273 jours de retard — mes directeurs ont décidé que nous ne pourrions tenter des risques aussi sérieux si nous n'avions pas l'assurance que la participation serait continuée. Car nous ne doutons pas que ce système appliqué d'une façon permanente, ne nous donne la garantie désirée.

« Sous le régime nouveau, tout navire construit ou réparé a été livré dans les délais impartis par les termes du contrat. On doit noter que dans une circonstance où la compagnie avait entrepris d'exécuter une réparation à un steamer en six semaines, afin qu'il put reprendre sa place dans la ligue où il avait été engagé, le travail fut exécuté en six jours de moins que le temps stipulé. C'est là une preuve évidente de la valeur du système et de la loyauté du personnel qui y a souscrit. »

Ils expriment en terminant toute la satisfaction qu'ils éprouvent de l'essai tenté il y a un an et l'espoir qu'il sera continué.

Le travail associé dans les houillères. — M. Christopher Furness a réuni en mai 1909 dernier les employés et ouvriers de la houillère de Wingate, en même temps que les représentants de l'association des mineurs de Durham pour leur faire une proposition à peu près semblable à celle qui fut expérimentée dans ses chantiers de Hartlepool. La Houillère de Wingate produisait environ 350.000 tonnes par an et employait plus de 1.400 ouvriers et apprentis. La terre de franc-fief avait une étendue de 1.000 acres environ avec plusieurs centaines de maisons et le prix d'achat de la propriété entière, avec 175.000 francs placés en Consolidés, était de 3.375.000 francs. Sir Christopher et ses associés avaient dévolu la totalité de leurs intérêts à une compagnie enregistrée sous le titre de *Wingate Coal Company Ltd*, au capital de 5 millions en actions de 25 francs. Il pensait que peut-être l'Union des Mineurs serait disposée à coopérer avec les ouvriers dans un placement de 1.250.000 francs.

Il est agréable de constater que cet effort pour étendre le système à l'industrie minière n'a pas son origine dans un conflit, mais plutôt pour employer l'expression de sir Christopher dans « les fortes espérances de succès qui attendent l'expérience de coopération industrielle aujourd'hui en plein développement dans les chantiers Middleton et Harbour à Hartlepool ».

L'offre de M. Furness a été rejetée par les mineurs non pas comme un échec à la participation du capital, mais parce que, à la façon dont elle fut présentée, les conditions imposées pouvaient tendre à briser la solidarité ouvrière.

C'est ce qu'a expliqué M. John Wilson, membre du Parlement et secrétaire de l'Association des mineurs du Durham :

« Je n'ai aucun reproche à faire à celui de nos membres qui prendrait des actions de Wingate, ou de tout autre charbonnage ou affaire commerciale. Le placement de son argent est sa propre affaire, mais comme secrétaire de l'Association des mineurs de Durham, dont ces travailleurs sont membres, je suis obligé de m'opposer à la partie coercitive de l'accord. Pendant trente ans nous avons réclamé le droit de prendre part aux discussions relatives aux conditions d'embauchage. Il y a une grande différence entre le fait d'essayer d'inculquer un esprit d'économie et d'encourager des relations amicales entre employeurs et employés (ces deux objets étant intéressants) et l'établissement des conditions d'embauchage. C'est cette différence qui s'oppose à notre adhésion. »

La **Hebden Bridge Fusitan Soc.** est une des plus vieilles maisons qui aient adopté la participation au capital. Elle fut enregistrée en 1870. Elle fabrique du velours, de la moleskine et des étoffes (croisé). Ses progrès sont démontrés par le tableau suivant :

	Actions, obligations et fonds de réserve	Chiffres d'affaires	Bénéfices
1885	562.025	609.825	53.325
1895	1.000.275	1.089.225	129.625
1905	959.975	1.027.175	69.220
1908	824.050	1.177.125	100.050

Le capital actions de la société s'élève aujourd'hui à 700.000 francs, dont 200.000 entre les mains du personnel.

La maison de sir **W. G. Armstrong, Whitworth and Co., Ltd.**, de Newcastle-on-Tyne, a introduit chez elle un système par lequel les employés et ouvriers furent encouragés à devenir intéressés aux résultats de l'entreprise au moyen d'un compte de dépôt. Les sommes déposées ainsi par les ouvriers dans les caisses de la société ont été :

En 1901 de............	3.107.650 francs	
En 1904...............	4.320.000	»
En 1905...............	4.887.500	»
En 1907...............	5.562.500	»

W. Thomson and Sons, Ltd., *Huddersfield.* — La maison W. Thomson et fils est une fabrique déjà ancienne et de réputation bien établie pour les vêtements de laine et les lainages. M. Georges Thomson, la tête de la firme, offrit, en 1886, de céder son affaire à un comité de coopérateurs afin de former une véritable entreprise coopérative. Le comité accepta sa proposition et la firme a depuis été transformée en une véritable association industrielle. Une fois les estimations faites, une société fut constituée. Le nombre des actions de 25 francs, émises en août 1887, était de 3.420. Sur ce nombre les sociétés coopératives en prirent 1.350, le public 1.340, les ouvriers du dehors 326 et les ouvriers de l'usine 404.

Les règles de la compagnie prévoyaient que le dividende du capital, obligations ou actions, serait de 5 o/o. « Dans le cas où la situation de l'affaire ne permettrait pas cette distribution, le déficit serait mis à la charge des premiers bénéfices qui seraient réalisés. 10 o/o des bénéfices devaient être mis au fonds de réserve jusqu'à ce que celui-ci ait atteint 10 o/o du capital. Le reste des profits était ainsi partagé : cinq neuvièmes étaient versés au crédit des ouvriers qui avaient été employés par la société six mois au moins depuis la nouvelle constitution. La part des bénéfices allant à l'ouvrier est versée à un compte comme action de capital, proportionnellement aux salaires qu'il reçoit. Les autres quatre neuvièmes étaient versés à un fonds de prévoyance.

L'affaire est entre les mains d'un comité composé de trois représentants des coopérateurs, trois membres du trade'council de Huddersfield et de trois ouvriers. Le comité est renouvelable par tiers. Le fondateur de cette association industrielle, M. Thomson, était directeur général à vie.

Tangyes Ltd. *Birmingham.* — La maison *Tangyes Limited*, constructeurs, emploie à Cornwall Works, Birmingham, près de 1.500 ouvriers. En 1883, la maison décida d'expérimenter un système qui assurerait à ceux de leurs ouvriers qui en seraient dignes « les avantages de la participation sans les risques correspondants ». Ce système consiste à accorder à tout employé qui en est jugé digne un certificat d'obligation de 1.250 francs. Il est établi que le porteur a droit à un intérêt au même taux que le dividende déclaré par la compagnie pour les actions ordinaires ; dans le cas où le porteur décède avant la fin de l'année pour laquelle l'obligation est valable, sa famille a droit à sa valeur. Cette obligation n'impose aucun risque à son porteur. Elle est renouvelée d'année en année si le porteur en est reconnu digne. En décembre 1887, la maison ne s'était pas encore vue dans l'obligation de refuser une seule fois le renouvellement. Plus d'une obligation est quelquefois allouée à un ouvrier.

Barratt and C° Ltd, *Wood Green.* — Un système de participation fut introduit chez MM. *Barratt et C°*, pâtissiers-confiseurs, de Wood-Green, quand la maison se transforma en société, il y a quelques mois. Dans leur prospectus il est indiqué que leurs employés travaillent autant que possible suivant un système de prime qui s'est montré dans le passé avantageux pour le patron et l'employé. Par surcroît, la société affecta séparément 10.000 actions de 25 francs, sur les 130.000 actions ordinaires réservées à la clientèle, pour demeurer dans les limites d'un plan qui consistait à donner aux travailleurs un intérêt direct dans la prospérité de l'affaire.

Ces actions furent souscrites par les administrateurs, et les employés qui en devenaient détenteurs furent appelés des « actionnaires associés ». Un employé peut recevoir jusqu'à 200 actions. Elles sont soumises à un règlement dont la violation entraîne la perte si les directeurs le jugent à propos. En décembre 1909 eut lieu le premier partage de dividende et 178 « actionnaires associés » reçurent des parts variant entre 20 et 200 francs. M. G. W. Barratt, président de la société, annonçait que les bénéfices de la maison du 1er janvier au 20 novembre se montaient à 652.950 francs, qu'on avait décidé de payer 6 o/o aux actions de préférence et 12 o/o aux actions ordinaires. En outre 12.500 francs étaient distribués aux 178 actionnaires associés.

A la fondation de la société, dans la répartition des actions la préférence fut donnée aux demandes faites par les acheteurs, les agents et les employés de la maison.

Aux Etats-Unis

La Participation du Personnel au capital et aux bénéfices, dans l'United states steel corporation (Trust de l'acier), a New-York (1).

Texte de la circulaire adressée à tous les chefs, employés ou ouvriers de l'United States Steel Corporation et de ses filiales.

New-York, 13 décembre 1902

Messieurs,

Depuis plusieurs mois, le Comité des finances s'occupe de mettre au point un plan qui, à son avis, vous engagera, dans votre intérêt, à devenir possesseurs permanents d'actions de préférence de la corporation.

Sur le gain de la corporation pendant l'année 1902, il aura été mis de côté 2 millions de dollars, et davantage s'il est nécessaire, pour acheter au moins 25.000 actions de préférence de la corporation, destinées à réaliser l'offre suivante faite à tout le personnel de la *Steel Corporation* et de ses filiales.

1. Extrait du *Bulletin de la Société pour l'étude de la Participation aux Bénéfices* (1re livraison, 1909), Imp. Chaix.

Actuellement, il y a environ 168.000 personnes employées au service de la corporation et de ses filiales. Nous proposons de diviser ce personnel en six classes, qui comprendront :

La classe A, ceux dont les émoluments s'élèvent à 20.000 dollars au moins par an.

La classe B, ceux qui gagnent 10.000 à 20.000 dollars par an.

La classe C, ceux qui gagnent 5.000 à 10.000 dollars par an.

La classe D, ceux qui gagnent 2.500 à 5.000 dollars par an.

La classe E, ceux qui gagnent 800 à 2.500 dollars par an.

La classe F, ceux qui gagnent 800 dollars, ou moins, par an.

Pendant le mois de janvier 1903, on offrira le stock ci-dessus mentionné à quiconque sera au service de la corporation, ou de l'une de ses filiales, au prix de 82 $ 50 (1) par action. Les souscriptions pour les titres de cette nature seront faites sur des feuilles spéciales délivrées au bureau du trésorier de toute filiale.

Chacun peut souscrire pour autant d'actions qu'il le désire, sans pouvoir dépasser, toutefois, la somme représentée par un certain pourcentage de ses appointements d'une année. Ce pourcentage s'établit comme suit :

Ceux qui appartiennent à la classe A, indiquée dans la classification qui précède, auront droit à une quantité d'actions représentées par une somme n'excédant pas 5 o/o de leur salaire annuel. Puis le pourcentage monte comme suit :

____

1. Le dollar vaut 5 francs. Le signe $ signifie dollar.

Classe B, 8 o/o ;
Classe C, 10 o/o .
Classe D, 12 o/o ;
Classe E, 15 o/o ;
Classe F, 20 o/o,

Dans le cas où, sur cette base de souscription, il serait souscrit à plus de 25.000 actions, ce nombre de 25.000 serait réservé aux divers souscripteurs dans l'ordre des classes, en commençant par la classe inférieure, ou classe F, les classes supérieures ne pouvant acquérir que le stock non souscrit par les classes inférieures, et chaque classe ne pouvant recevoir des titres que jusqu'à concurrence de la quantité laissée pour cette classe. Il sera réservé, toutefois, à chaque souscripteur au moins une action, même si le Comité des finances devait, à cet effet, en acheter plus de 25.000.

Le paiement des actions souscrites devra être fractionné en versements mensuels, au moyen de retenues faites sur les appointements ou salaires du souscripteur, qui fixera lui-même l'importance de ces paiements, lesquels ne pourront pas excéder 25 o/o d'un mois d'appointements ou de salaires.

Le souscripteur peut prendre tout son temps pour payer ses actions, jusqu'à la limite de trois ans.

Les dividendes reviennent au souscripteur à partir du jour où il commence à effectuer des paiements sur son compte de souscription. Mais les versements différés seront augmentés d'un intérêt annuel de 5 o/o.

Dans le cas où un souscripteur viendra à cesser ses paiements avant la libération complète de son compte de souscription, il pourra retirer les sommes qu'il aura payées sur son compte de principal, et garder la différence existant entre les 5 o/o d'intérêts payés et les 7 o/o de dividende reçus pour son stock.

Dès que le montant de la souscription aura été payé, les titres seront établis au nom du souscripteur et le certificat lui en sera délivré. Il pourra le négocier à l'époque qui lui conviendra, mais pour l'encourager à conserver ce certificat et à continuer ses services à la corporation ou à l'une de ses filiales, et avoir ainsi le même intérêt aux affaires que peut avoir un actionnaire ou un associé, il lui est fait l'offre suivante :

S'il ne quitte pas son emploi en gardant son stock de titres, et au mois de janvier de chaque année, pendant cinq ans, à partir de janvier 1904, il produit le certificat du trésorier de sa compagnie, en même temps qu'une lettre authentique établissant qu'il a été continuellement au service de la corporation ou d'une de ses filiales pendant l'année précédente et a témoigné, par ses efforts, qu'il s'intéresse à sa prospérité, il recevra, pour chacune de ces périodes de cinq années, une gratification de 5 dollars par action et par année. Exemple : Si un ouvrier achète une desdites actions en janvier 1903, il aura de ce chef à payer 82 $ 50. Si, après avoir tout payé, il garde cette action pendant cinq ans, il aura reçu, chaque année, des dividendes au taux de 7 o/o sur la valeur de sa souscription, et aura également touché, pour chaque année, un dividende supplémentaire, soit 5 dollars : Cette dernière somme lui est payée à titre de récompense spéciale pour les services loyaux et continus rendus par lui à la corporation ou à l'une de ses filiales, et attestés par la production de son certificat conjointement avec une lettre authentique prouvant qu'il s'est appliqué à soutenir les intérêts de la corporation, dont, pratiquement, il est devenu l'associé.

S'il reste d'une façon continue pendant cinq ans au service de l'établissement ou de l'une de ses filiales, la Corporation se propose de lui donner, à la fin de la cinquième année, un dividende supplémentaire qui ne peut être dès maintenant évalué ou fixé, mais qui résultera de l'application des dispositions suivantes :

Le souscripteur qui viendra à cesser ses paiements, à un moment quelconque pendant les cinq ans, ne recevra naturellement pas les 5 dollars annuels. Mais la Corporation versera chaque année dans la caisse d'un fonds spécial les sommes de 5 dollars qui eussent été payées aux souscripteurs s'ils avaient persévéré. Ce fonds sera crédité d'un intérêt annuel de 5 o/o, et, à la fin de la période de cinq ans, la somme totale ainsi accumulée sera divisée en parts égales en nombre à celui des actions restant aux mains de ceux qui ont continué à remplir les conditions, pendant les cinq années entières, et la corporation, de sa libre volonté, accordera alors à chacun de ceux qu'elle en jugera dignes, autant de parts de ce fonds accumulé qu'il possédera lui-même d'actions.

Cependant, au cas où un souscripteur viendrait à décéder ou serait frappé d'incapacité de travail alors qu'il servait loyalement la corporation ou l'une de ses filiales, pendant une desdites périodes de cinq ans, la somme à ce moment déjà payée par lui au compte du stock qu'il se proposait d'acquérir, ou, s'il l'a entièrement payé, le certificat de ce stock, reviendra, suivant le cas, au participant ou bien à sa succession, augmenté d'une somme égale à 5 dollars par action pour chacune des années non encore expirées.

Si ce plan est bien accueilli et s'il obtient du succès, on se propose, à la fin de l'année prochaine, de faire une offre semblable, sauf, naturellement, qu'on ne peut garantir dès maintenant le prix auquel le stock sera offert, on se propose toutefois de l'offrir à peu près au cours de ce moment-là, et, en ce qui concerne les autres points, à des conditions similaires à celles ci-dessus énoncées.

La continuation de cette police permettra à chacun d'acquérir annuellement une ou plusieurs actions du stock par un contrat avec la corporation, à des conditions offrant un placement plus sûr et plus profitable pour ses épargnes qu'il ne lui serait possible d'en trouver ailleurs.

Par ordre du Comité des finances *(United States Steel Corporation)*,

Georges W. PERKINS, *président.*

En 1908, 15.000 employés et ouvriers possédaient des titres acquis dans ces conditions et 10.000 autres souscripteurs, qui ne possèdent pas encore des titres complets, effectuent régulièrement leurs versements mensuels.

En janvier 1909, l'*United States Steel Corporation* a donné plus d'extension encore à l'opération d'après un programme qui a fait l'objet d'une deuxième circulaire ainsi conçue :

Chaque année, depuis six ans, la corporation a offert, tant à son personnel qu'à celui de ses filiales, le privilège de souscrire à un nombre déterminé d'actions de préférence. La corporation offre maintenant à ces mêmes personnes l'occasion de souscrire à 18.000 actions de préférence et à 15.000 actions ordinaire, aux prix de 110 dollars par action de préférence et 50 dollars par action ordinaire. Les conditions de cette opération sont les suivantes :

1° Toutes les souscriptions auront lieu sous la réserve expresse que la décision du Comité des finances de l'United States Steel Corporation sera souveraine pour la solution de toutes les questions se rapportant aux droits ou aux intérêts des souscripteurs.

2° Toutes les souscriptions devront être soit pour une ou plusieurs actions ordinaires ou de préférense, soit pour une ou plusieurs actions des deux catégories, c'est-à-dire : pour 50 dollars ou multiples de cette somme, pour 110 dollars ou multiples de cette somme; ou pour une combinaison de 50 dollars ou ses multiples, étant bien entendu que, dans l'attribution des titres, chaque souscripteur pourra, suivant la décision du Comité des finances, recevoir tout ou partie de sa souscription, soit en actions ordinaires, soit en actions de préférence, soit en actions de l'une et de l'autre catégories.

3° Le tableau suivant indique le maximum des sommes pour lesquelles il peut être souscrit des actions, conformément à l'article précédent, par ceux dont les appointements ou les salaires se trouvent dans les limites respectivement indiquées.

Appointements ou salaires annuels	Somme maximum
dollars	dollars
275 ou moins.	50
275,01 à 625 » inclusivement. . . .	110
625,01 à 700,00 — . . .	150
800 » à 1.100 » — . .	160

1.100,01 à 1.500 »	—	220
1.500,01 à 1.833,33	—	250
1.833,34 à 2.166,66	—	330
2.166,67 à 3.125 »	—	350
3.125,01 à 3.208,33	—	400
3.208,34 à 3.541,66	—	440
3.541,67 à 3.958,33	—	450
3.958,34 à 4.125 »	—	500
4.125,01 à 4.791,66	—	550
4.791,67 à 6.050 »	—	600
6.050,01 à 6.750 »	—	660
6.750,01 à 7.150 »	—	700
7.150,01 à 7.750 »	—	770
7.750,01 à 8.250 »	—	800
8.250,01 à 8.750 »	—	880
8.750,01 à 9.250 »	—	900
9.250,01 à 9.350 »	—	950
9.350,01 à 9.750 »	—	990
9.750,01 à 12.812,50	—	1.000
12.812,51 à 13.062,50	—	1.050
13.072,51 à 14.062,50	—	1.100
14.062,51 à 14.437,50	—	1.150
14.437,51 à 15.312,50	—	1.210
15.312,51 à 15.812,50	—	1.250
15.812,51 à 16.562,50	—	1.320
16.562,51 à 17.187,50	—	1.350
17.187,51 à 17.812,50	—	1.430
17.812,51 à 18.437,50	—	1.450
18.437,51 à 18.562,50	—	1.500
18.562,51 à 19.062,50	—	1.540
19.062,51 à 19.687,50	—	1.550
19.687,51 à 19.937,50	—	1.600
19.937,51 à 33.500 »	—	1.650

L'employé ou l'ouvrier d'une classe quelconque n'est pas obligé de souscrire pour la somme totale à laquelle son classement lui donne droit ; il peut souscrire une somme inférieure quelconque.

4° Le paiement du montant des souscriptions devra être fait par mensualités, au moyen de retenues sur les appointements ou sur les salaires. Le souscripteur fixera lui-même le montant de ces retenues, pourvu toutefois que le minimum soit de 2 $ 50 par action de préférence et de 1 $ 25 par action ordinaire, et que chaque mensualité n'excède pas 25 o/o d'un mois d'appointements ou de salaires. Il est désirable que les souscripteurs paient leurs mensualités autant que possible en dollars entiers, sans fraction ; le paiement en dollars entiers est même obligatoire chaque fois que la souscription dépasse le minimum prévu. Le souscripteur aura pour se libérer tout le temps qu'il désirera, sans toutefois que le délai puisse excéder trois années. Les sommes qui resteront dues sur la souscription supporteront un intérêt de 5 o/o par année.

5° Dès le premier paiement, et pendant tout le temps des versements successifs, les dividendes sur le stock souscrit seront inscrits au crédit du compte du souscripteur et s'ajouteront à ses versements, jusqu'à ce que le montant total de la souscription soit soldé, et que les actions lui soient remises ; après quoi, les dividendes lui seront payés dans la même forme qu'aux actionnaires ordinaires.

6° Dans le cas où un souscripteur viendrait à annuler sa souscription avant complet paiement, il lui serait remboursé le montant intégral des versements faits sur ce compte, augmenté d'un intérêt de 5 o/o l'an depuis le moment du versement. Il ne lui serait rien attribué à titre de dividende ou d'allocation spéciale prévue au paragraphe 3 de l'article 7 ; de même aucun intérêt ne serait retenu pour les paiements non effectués. Si des versements venaient à être interrompus, sans l'autorisation de la corporation pendant trois mois, le compte du souscripteur serait arrêté le trentième jour après le dernier versement, et les paiements faits sur son compte lui seraient remboursés comme il vient d'être dit. Le souscripteur qui se déciderait à annuler sa souscription aurait à le faire pour la totalité, quelle que soit la nature de la répartition : actions ordinaires, actions de préférence ou bien partie des unes et des autres.

. 7° Dès que le stock souscrit aura été payé, les actions seront émises au nom du souscripteur, étant bien entendu que, dans le cas où la répartition faite à un souscripteur viendrait à comprendre des actions de préférence et des actions ordinaires, aucun certificat ne serait émis avant le paiement complet du stock ; à ce moment-là seulement les certificats pour les deux catégories de titres seraient délivrés. Le souscripteur pourra alors vendre ses certificats si cela lui convient ; mais, pour l'encourager à les garder et à rester continuellement au service de la corporation ou de l'une quelconque de ses filiales, et avoir ainsi le même intérêt dans les affaires qu'un actionnaire ou un associé, l'offre suivante lui est faite :

.S'il ne vend pas son stock et ne quitte pas son emploi et que, au mois de janvier de chaque année, pendant cinq ans, à partir de janvier 1910, il produise un certificat authentique établissant qu'il a été sans interruption pendant toute l'année précédente au service de la corporation ou de l'une ou de l'autre de ses filiales, il recevra au comptant, pour chacune de ces cinq années, une somme de 5 dollars pour chaque ac'ion de préférence, et de 2 $ 5o pour chaque action ordinaire.

Les souscripteurs qui, au mois de janvier de chaque année, n'auront pas complètement versé le montant de leurs souscriptions, mais qui en effectueront régulièrement le paiement et rempliront toutes les conditions de continuité de loyaux services, verront le compte de leur souscription crédité d'une allocation spéciale de 5 dollars par action souscrite sur le stock de préférences, et de 2 $ 5o par action souscrite sur le stock ordinaire.

8° Lorsqu'un souscripteur sera resté pendant cinq ans sans interruption, au service de la corporation ou de l'une de ses filiales, il pourra, à l'expiration de la cinquième année, être gratifié d'un dividende supplémentaire, que la corporation ne saurait déterminer dès maintenant, mais qui résultera de l'application des dispositions suivantes :

Le souscripteur qui, à un moment quelconque des cinq années, cessera ses paiements, ne recevra pas naturellement les 5 dollars ou les 2 $ 5o par action pendant celles des cinq années qui resteront à courir après la cessation des paiements. Ces dollars seront déposés à la fin de chaque année dans un fonds spécial.

Ce fonds sera crédité dans un intérêt annuel de 5 o/o, et, à la fin de la période de cinq années, la somme totale ainsi accumulée sera divisée en un nombre de parts, égal au nombre d'actions de préférence, augmenté de la moitié du nombre d'actions ordinaires restant entre les mains des souscripteurs qui ont continué leur service pendant toute la durée de ces cinq années. La corporation attribuera alors, de son plein gré, à chacun des souscripteurs qui en seront jugés dignes, autant de parts dudit fonds accumulé qu'il aura droit d'après le nombre d'actions en sa possession, c'est-à-dire une part pour chaque action de préférence, et une part pour deux actions ordinaires.

9° Si le souscripteur vient à décéder, ou s'il est frappé d'incapacité de travail au cours de ses loyaux services, pendant ladite période de cinq années, les sommes payées par lui sur son compte de souscription, ou, si ce compte était entièrement soldé, le certificat du stock, seront remis par la corporation à sa succession, ou à lui-même, avec une somme égale à 5 dollars ou à 2 $ 50 par action pour chacune des cinq années non encore expirées, ainsi qu'une part proportionnelle du fonds spécial provenant des déchéances dont il a été question à l'article 8, calculée au moment de son décès ou de son incapacité de travail.

10° Tout souscripteur pourra désigner la personne à laquelle, au jour de son décès, la corporation aurait à payer les sommes afférentes à sa souscription, lesquelles, sans cette formalité, seraient versées à sa succession. Lorsque cette désignation aura été faite, et que la preuve du décès sera établie, la corporation paiera lesdites sommes à la personne désignée, si elle est encore vivante. En cas de décès de ladite personne, les sommes reviendront à la succession du souscripteur. Par un avis écrit remis au trésorier de la compagnie au service de laquelle il travaille, le souscripteur peut changer le nom de la personne désignée.

11° Les souscripteurs dont l'emploi sera suspendu par suite de fermeture temporaire d'ateliers, et qui se tiendront toujours prêts à reprendre leur service, ne seront pas privés du bonus de 5 dollars ou de 2 $ 50 par année pendant toute la durée de cette interruption d'emploi. Cela ne les empêchera pas d'accepter un emploi quelconque dans une entreprise étrangère pendant toute cette interruption. Reconnaissant l'évidence présumée de la bonne volonté des souscripteurs à reprendre leur travail, la compagnie acceptera, des souscripteurs ayant libéré leur stock, la présentation des certificats originels en janvier de chaque année ; et, des souscripteurs n'ayant versé qu'une partie, la retenue par eux des sommes versées pendant l'année précédente. La période de suspension dont il est parlé ci-dessus ne comptera pas dans le délai maximum de trois ans accordé pour la libération complète des souscriptions, et, pendant cette suspension, aucun paiement ne sera exigé, le souscripteur conservant cependant le droit de s'en acquitter.

Dans le cas où le souscripteur ne présenterait pas le certificat originel comme il vient d'être dit, ou qu'il ne retirerait pas une souscription partiellement payée, ou ne reprendrait pas le travail à la première réquisition le souscripteur sera considéré comme ayant abandonné son emploi et renoncé à tous les bénéfices mentionnés dans la présente circulaire. S'il venait à décéder pendant une suspension de travail, sa succession ou le bénéficiaire par lui désigné comme il est dit ci-dessus, serait admis à toucher tous les bénéfices afférents à sa souscription comme si le souscripteur était décédé en activité d'emploi.

12° Les souscriptions seront reçues jusqu'au 3 février 1909, et la répartition s'effectuera quelques jours plus tard. Les premières retenues se feront sur les appointements ou les salaires de février. »

Les résultats de cette association se sont fait sentir tout récemment. Ils ont montré comment dans un organisme aussi compliqué et aussi important que l'*United States Steel Corporation* l'association du capital et du travail peut assurer la paix sociale.

La compagnie avait fait comprendre à son personnel qu'elle ne tenait pas à ce que ses ouvriers fussent rattachés à la *Fédération américaine du Travail* que dirige Samuel Gompers. En fait, un très grand nombre d'ouvriers de la *Steel Corporation* sont syndiqués, et ce sont naturellement ceux qui n'ont pas souscrit aux propositions de la compagnie et qui ne participent pas au capital de l'usine.

Mais la *Steel Corporation* est la compagnie qui paie le plus cher ses ouvriers ; ses tarifs sont plus élevés que ceux réclamés par la Fédération du Travail. Au mois de novembre dernier celle-ci essaya de provoquer une grève parmi le personnel de la corporation pour provoquer l'adhésion de ses ouvriers à la Fédération. Malgré les menaces de ses dirigeants contre les directeurs de la compagnie et contre les ouvriers eux-mêmes, ceux-ci n'ont pas bronché.

Illinois Central Railroad Company

Cette importante compagnie de chemins de fer américaine, dont le siège est à Chicago, a adopté la participation au capital depuis 1893. Elle a offert à son personnel d'acheter des actions de la compagnie dans les conditions que le président exposait dans une circulaire, le 25 mai 1906 :

« Me rapportant à ma lettre circulaire du 18 mai 1893, qui esquissait le plan pour aider les employés de la compagnie à acheter des actions de son capital, c'est avec une grande satisfaction que je remarque le désir croissant des employés d'identifier ainsi leurs intérêts avec ceux de la compagnie.

« Afin que le plan adopté puisse être mieux compris, je l'expose ici avec plus de détail.

« Le premier jour de chaque mois la compagnie indiquera aux employés, par leurs chefs de service, le prix auquel leurs demandes seront acceptées pour l'achat d'actions de l'Illinois Central, pendant ce mois. Un employé a le privilège de souscrire pour une action à la fois, payable par versement de 25 francs ou de tout multiple de 25 francs, à l'achèvement desquels la compagnie lui délivrera un certificat d'actions, enregistré en son nom sur les livres de la compagnie. Il peut alors, s'il le désire, commencer l'achat d'une autre action suivant le même mode de paiement. Le certificat de capital est transférable sur les livres de la compagnie et donne le droit au propriétaire de toucher les dividendes qui peuvent être annoncés par le bureau des directeurs, et de voter pour leur élection.

« Tout employé faisant des versements suivant ce

système, aura le droit de recevoir un intérêt sur ses dépôts, au taux de 4 o/o par an, pendant le temps qu'il verse pour sa part de capital, pourvu qu'il ne laisse pas s'écouler douze mois consécutifs sans faire de versements; à l'expiration de cette période, l'intérêt cessera d'être dû et la somme à son crédit lui sera retournée sur sa demande.

« Tout employé, effectuant des versements d'après le système précédent, qui désirerait pour une raison quelconque les cesser, peut toucher son argent avec les intérêts qui lui reviennent, en faisant une demande au chef du service dans lequel il est employé.

« On compte qu'un employé qui a fait une demande pour une part de capital, fera son premier versement sur les premiers salaires qui peuvent lui être dus. Des formules sont préparées dans ce but, sur lesquelles l'employé souscripteur autorise le trésorier à Chicago ou celui de la Nouvelle-Orléans, ou le payeur central à retenir sur son salaire le montant du versement dont il sera crédité mensuellement pour l'achat d'une action de capital.

« Dans le cas où l'employé quitterait le service de la compagnie pour quelque cause que ce soit, il doit alors, soit compléter le paiement de l'action qu'il a souscrite et recevoir un certificat, soit retirer son argent avec l'intérêt qui lui est dû.

« Le règlement qui précède n'empêche pas l'achat

d'actions au comptant. Un employé qui n'a pas déjà une demande en suspens pour l'achat d'une action par le système des versements partiels, peut à un mois donné faire une demande pour acheter une action comptant au prix indiqué aux employés pour le mois, et il peut dans le même mois, s'il le désire, faire une demande pour l'achat d'une action par le système des versements partiels. Les employés qui désireraient acheter plus d'une action à la fois comptant, devront s'adresser au vice-président à Chicago qui demandera pour eux au bureau de New-York à quel prix l'action peut être achetée.

Tout employé qui désire acheter une action (excepté dans les achats spéciaux de plus d'une action comptant) doit s'adresser à son supérieur immédiat ou à l'un des trésoriers locaux, ou au siège social à Chicago.

Par la lettre suivante. le président de l'*Illinois Central* nous faisait connaître les résultats obtenus.

Cie du Chemin de Fer de l' « Illinois Central »

Bureau du président

Chicago, le 24 juin 1908

Cher monsieur,

J'ai bien reçu votre lettre du 6 courant au sujet de la pratique existante dans cette compagnie de vendre à ses employés des parts du capital représentant son installation, son matériel et son exploitation. Je porte à votre connaissance que jusqu'au 31 mai 1908, le nombre des actions vendues dans ces conditions a été de 6.256, représentant une valeur de $ 750.127. 06 (3.750.000 fr. 30).

Il faut remarquer que la valeur moyenne du stock cédé aux employés est matériellement au-dessous de la valeur actuelle des actions de la compagnie, c'est-à-dire qu'ils ont acheté le stock alors que les marchés leur étaient très favorables.

Pour ce qui regarde les avantages à retirer de ce mode de procéder, il me suffit de dire qu'un grand nombre d'employés ont eu ainsi la faculté de placer d'une façon sûre une partie de leurs gains, qu'il a inspiré la confiance des hommes en leur montrant les bonnes intentions de la compagnie et qu'il crée le bon accord et l'entente entre les chefs et les subordonnés.

Avec l'espoir que j'ai répondu à vos désirs, je vous prie de me croire, Monsieur, votre bien dévoué.

Signé : J. HARRIMAN
Président.

KEYSTONE DRILLER COMPANY

La *Keystone Driller Company* est une fabrique de forœuses portatives et de pompes, située à Beaver Falls, Pennsylvania (Etats-Unis). La participation au capital y est pratiquée au moyen de dépôts des employés.

A cet effet, la compagnie a émis des *certificats de*

ial number of Certificate_____

e of Issue_____

Whom Issued_____

arks _____

_____

Incorporated under the laws of Pensylvania. Capital Stock $300,000

Serial No._____ SAVINGS AND PROFIT-SHARING

Issued_____ **STOCK CERTIFICATE**

Of the

KEYSTONE DRILLER COMPANY

Cor. 8th Ave. and 20th Sts. BEAVER FALLS, PENN

This Certifies that _____ , an employee of this Company, deposited with its Treasurer on the dates specified below, the sum or sums attested by the Treasurers signature on same line. This deposit is held in trust subject to the conditions printed on the other side hereof. Not taxable and not transferable except to another employee or for the purpose of immediate collection

OSITS	WITHDRAWALS				DEPOSITS		WITHDRAWALS			
AMOUNT DOLLARS	DATE	EARN'GS	TOTAL DOLLARS	DRAWERS SIGNATURE	DATE	AMOUNT OF DEPOSIT DOLLARS	TREAS SIGNATURE	DATE	EARN'GS	TOTAL	DRAWERS SIGNATURE

Cancellation Totals $ Total Dollars Deposited and Earnings $ Total Cancellation $

Received in full the above Deposit and Earnings   Depositor

capital sur lesquels sont inscrites les sommes déposées ou retirées par le titulaire. Ces certificats sont soumis aux règles suivantes :

1° Le propriétaire peut retirer le montant du dépôt au jour régulier de paye de la compagnie, en retournant ce certificat avec un motif convenable ;

2° Si ce dépôt est retiré avant l'expiration d'un mois, un préavis d'un jour sera exigé et il ne sera pas payé d'intérêt ;

3° Si le retrait est opéré à l'expiration du mois ou après, et avant quatre mois, un préavis d'une semaine sera exigé, et l'intérêt au taux de 4 o/o par an sera payé ;

4° Si le retrait a lieu à l'expiration des quatre mois ou après, un préavis d'un mois est nécessaire et un intérêt de 6 o/o par an, payable semestriellement, sera attribué ;

5° S'il n'y a pas de retrait opéré après l'expiration de six mois, ce certificat deviendra *capital participant aux bénéfices* (profit-sharing capital) si le propriétaire le désire. Dans ce cas, le montant de chaque dépôt sera considéré comme un capital producteur placé temporairement dans les affaires de la compagnie, et participera, pour le temps que cet argent sera dans les mains de la compagnie, proportionnellement, sur le même pied que le capital régulier de la compagnie, dans tous les bénéfices de l'année couvrant la période de placement ;

mais il ne donne pas droit au vote pour l'élection des administrateurs de la compagnie. Le principal peut être retiré en tout temps sur un préavis d'un mois, mais les bénéfices ne peuvent être réglés et payés qu'en janvier, chaque année. La compagnie garantit que les gages de ce « capital de participation aux bénéfices » ne seront en aucun cas moindres de 6 o/o par an ;

6° Le montant de ces certificats est limité à 1,000 dollars pour un employé, et le terme à courir est limité à cinq ans, mais le propriétaire de semblables certificats, montant à 5o dollars ou au delà, peut à tout instant le changer pour un titre régulier au pair du capital de la société ; le propriétaire de ce titre aura le droit désormais de participer à tous les profits et privilèges des actionnaires réguliers. Ce capital est transférable à volonté, non imposable, n'entraîne aucune responsabilité personnelle pour les dettes de la compagnie. Les actions ont au pair une valeur de 5o dollars (25o francs) ;

7° Ces certificats étant émis au bénéfice des personnes servant loyalement la compagnie, et pour établir une communauté d'intérêts, dans le cas où le propriétaire se joindrait à une grève hostile à la compagnie, la participation ou les intérêts, suivant le cas, cesseront immédiatement et d'une façon permanente. Dans ce cas le principal, avec le seul intérêt, sera payé du jour d'une telle grève. Dans le cas de grève nécessitant la fermeture de la fabrique, l'intérêt et la participation aux bénéfices cesseront temporairement durant le temps que la fabrique sera oisive. En cas de mort ou d'incapacité physique continuelle du propriétaire ce certificat, suivant le désir de son propriétaire ou de ses ayants droit, conservera toute sa valeur pendant trois ans, à la fin desquels, s'il n'a pas été auparavant retiré ou changé contre un certificat régulier du capital de la corporation, la compagnie se réserve le droit d'arrêter de nouveau les intérêts ou la participation aux bénéfices et de racheter ce certificat au pair ;

8° Toutes choses étant égales, la possession d'un certificat de participation aux bénéfices se montant à 5o dollars et au-dessus, ou de certificats réguliers du capital de la corporation, donne droit à la préférence pour l'embauchage par la compagnie à mesure que des vacances peuvent se produire, mais cette possession ne sera pas considérée comme une garantie stricte de l'emploi, et aucun employé ne sera renvoyé pour faire de la place à un autre ;

9° Le propriétaire de ce certificat peut en augmenter le montant en tout temps. Quand de telles additions proviennent des salaires, le propriétaire avertira le maître-payeur un jour avant, et présentera son certificat pour qu'on y inscrive la date de ce dépôt. Les obligations de la compagnie né deviennent effectives qu'à partir de cette date. Si un retrait partiel est opéré, la somme retirée sera portée en regard du dernier dépôt ; les fractions de dollar ne peuvent être déposées et ne seront pas comptées pour la répartition des intérêts et des bénéfices.

Comme on le voit, ces dispositions étaient très claires ; elles encourageaient l'épargne et la constitution d'un capital qui était bonifié par une participation aux bénéfices. Le directeur de la compagnie nous écrivit l'an dernier : « Nous avons été amenés à abandonner ce mouvement devant le fait que nos lois sur le capital social ne nous permettent pas d'émettre un capital de réserve sans le consentement unanime des actionnaires. Il nous paraît difficile de vaincre cette difficulté, et nous étudions la transformation de notre système. »

M. Georges H. Kingmann, de Brocton (Mass.), est un fabricant de chaussures qui pratique une méthode très simple de participation. Par un contrat écrit, l'ouvrier souscrit la somme qu'il juge convenable au fonds social. M. Kingmann s'était engagé à payer à ces souscripteurs un certain pourcentage comme dividende : il était de 6 o/o en 1900. Les ouvriers peuvent appartenir à une organisation ouvrière, mais comme ils sont en quelque sorte membres de la firme, associés, ils ne risquent pas de se mettre en grève, ni d'être lock-outés.

M. Kingmann s'est réservé la liberté d'employer ou de congédier qui il veut.

Tout ouvrier peut quitter la maison en avertissant trente jours à l'avance pour pouvoir retirer son argent.

« Le système est très satisfaisant, écrivait M. Kingmann, tous les ouvriers ont souscrit, à l'exception de quelques travailleurs de passage et des derniers embauchés. Le prix des parts est convenu entre les parties.

H. O. Houghton et Cⁱᵉ, Cambridge (Mass.) — MM. Houghton et Cⁱᵉ, propriétaires de la *Riverside Press* établirent en 1872 un service d'épargne au bénéfice de leurs employés qui sont au nombre de 533 ; il est ouvert à tous, aussi longtemps qu'ils sont eu relation avec la maison et les dépôts peuvent être fait en tout temps pour toute somme ne dépassant pas 5.000 francs. Les intérêts sont payés à 6 o/o. Toutes les fois que, au 1ᵉʳ janvier, les dépôts d'un déposant égalent ou excèdent cinq cents francs et restent une année après, les propriétaires de la *Riverside Press* ont décidé de payer aussi au déposant une part des profits annuels de leur maison ; le montant ne peut pas dépasser 4 o/o en plus sur chaque 500 francs. Cet intérêt gratuit est ajouté au dépôt original. Dans les dernières dix-sept années l'intérêt de 4 o/o a été payé quatorze fois. Les comptes de dépôts ont régulièrement augmenté.

En Suisse

La manufacture d'horlogerie **Patek et Philippe**, de Genève, s'est transformée en 1901 en société anonyme par actions. A ce moment la société mit à la disposition de son personnel, à l'exclusion de personnes étrangères à la maison, un certain nombre d'actions ; les autres titres de la société sont entre les mains des administrateurs et directeurs. Les ouvriers et employés de la société ont pu acheter ces actions avec et au prorata de leurs économies.

Nous n'avons pu savoir dans quelles proportions les actions étaient entre les mains du personnel.

En Hollande

LES SOCIÉTÉS INDUSTRIELLES DE HOF VAN DELFT

Directeur : VAN MARKEN

Les usines Van Marken, de Delft, fabriquent de la levure et de l'alcool. Nous regrettons de ne pouvoir donner ici les détails de l'organisation sociale de cette maison qui a su, grâce à l'intelligente initiative de M. J.-C. Van Marken, devenir l'usine

« modèle » en quelque sorte, puisque par une collaboration étroite et constante des employeurs et des
employés, la réglementation du travail, les caisses
de secours, d'assurance de retraites, les habitations
ouvrières, toutes ces questions ont été réglées au
mieux des intérêts de tous et pour le plus grand
profit des travailleurs. La société fut fondée en 1870.

Depuis M. Van Marken a créé en 1892 une imprimerie. « Fondée exclusivement avec mon propre capital, dit M. Van Marken, j'ai pu y appliquer mes
idées le plus radicalement, sans avoir à en rendre
compte à personne ». Et ces idées, il les exprimait
dans un discours, prononcé le 20 mars 1892, au ban-
quet de la Société pour l'étude pratique de la participation aux bénéfices, à Paris.

« Je me suis posé cette question : la participation
aux bénéfices nous donne-t-elle le droit d'attendre
de son application pure et simple les résultats que
nous désirons, la conciliation sincère, intime des intérêts du patron et de l'ouvrier ? Je suis enclin à
répondre négativement...

« ... Tant que le capital et le travail ne seront pas
fusionnés, tant qu'ils resteront des éléments divers,
séparés, leurs intérêts resteront toujours opposés.
La participation appliquée même dans la mesure la
plus large, peut former une base d'entente plus ou
moins cordiale ; il n'en reste pas moins vrai que
d'un côté le capital et le patron, de l'autre côté

l'ouvrier, sont des puissances sans cohésion, étrangères l'une à l'autre, et que, malgré tous les traités
qui pourront être signés, ce ne sera toujours que la
paix armée, l'armistice, et il ne faut souvent que l'a-
larme d'un simple malentendu pour faire sortir l'é-
pée du fourreau et faire éclater la guerre.

« Il y a moyen d'unir plus intimement les intérêts
opposés ; un moyen qui a été mis en pratique par
des hommes prévoyants, portant des noms français,
mais dont le mérite et la gloire ont dépassé de bien
loin les frontières de votre généreux pays. Je pense
aux LECLAIRE, aux LAROCHE-JOUBERT, aux GODIN.
Le moyen dont je veux parler n'est plus la participation aux bénéfices combinée avec la copropriété du
capital même de l'entreprise...

« ...La participation à la propriété du capital par le
travail (tant du directeur, que de l'employé jusqu'au
travail du simple manœuvre) me semble bien moins
un système exigé par l'équité sociale, comme la participation elle-même, qu'une question de bonne tactique dans la lutte du travail contre le capital. Certes, l'ouvrier lui-même sera bien plus content avec
vos pièces de vingt francs sonnantes, qu'avec les titres de copropriété de votre maison, même si ces
titres valaient le double de l'argent comptant. Mais
après la répartition il y aura cette différence :
l'homme aux écus se sentira et sera en réalité d'autant plus indépendant de l'œuvre commune à mesure

que la quotité de sa part en pièces de vingt francs ou en billets de banque augmentera ; l'homme aux titres, au contraire, à mesure que le chiffre en accroît, devient de plus en plus — je ne dis pas dépendant de vous, du patron, je ne parle pas d'une dépendance qui l'affaiblit, le diminue moralement — mais de plus en plus attaché à la maison, à *sa* maison, attachement qui le grandit et le relève au moral.

« Grand merci — me répondra un patron — je veux rester le maître dans ma propre maison ; je ne veux pas du capital des autres et encore bien moins du capital de mes ouvriers. Je suis le libre arbitre de l'emploi du capital de ma maison et de tous mes actes comme patron ; je ne désire en rendre compte à personne et en dernier lieu à mes subordonnés. »

Libre à vous de garder votre place sur le volcan. Bien possible qu'il vous laisse tranquille jusqu'à la fin de vos jours ; mais bien possible aussi que le cratère, que vous croyiez éteint, vienne tôt ou tard troubler énergiquement votre repos, et vous éveille en sursaut par des éruptions inattendues.

« Je comprends vos hésitations, votre aversion même de cette co-propriété ouvrière, si vous êtes le propriétaire de votre maison et si vous n'avez jamais songé à séparer cette propriété, ce pouvoir absolu sur votre capital, de votre personne elle-même.

« Mais comme le temps est aux grandes entreprises et aux sociétés anonymes, si vous êtes directeur

ou administrateur, quel plus grand mal voyez-vous
à discuter les intérêts de votre société avec vos
employés qu'avec vos actionnaires ? Je vais même
plus loin dans cet ordre d'idées et je veux faire abs-
traction de toute participation au capital. De quel
droit, un individu quelconque, que vous n'avez
jamais vu, et qui n'a jamais vu le toit de votre
usine, mais qui vous achète aujourd'hui à la Bourse
une action de 500 francs de votre société pour la
revendre après-demain, de quel droit assistera-t-il
demain à votre assemblée générale, pour vous en-
nuyer avec ses observations insensées et sa critique
malveillante ; de quel droit plus raisonnable que
l'employé supérieur, votre bras droit dans toutes
vos opérations, votre ingénieur éminent, le contremaître dévoué, le fidèle ouvrier même, les employés
et les ouvriers, qui ont passé leur vie au service
de la société et qui peuvent faire des observations,
donner des conseils bien autrement justes que l'actionnaire né d'hier ? Et pourquoi refuserait-on à
tous ces braves gens le droit d'acquérir à force de
bons services, des actions de votre société, droit que
l'on accorde au dernier des crétins, qui a pris la
fantaisie de sortir 500 francs de sa poche et de se
payer une action, pour se mêler d'une affaire dont,
il y a quelques jours, il connaissait à peine le nom
et dont il ne connaîtra jamais le fonds ? »

Fabrique néerlandaise de levure et d'alcool.—La

société qui exploitait les usines de levure et d'alcool a bien établi chez elle la participation aux bénéfices et au capital. Mais les co-associés de M. Van Marken ne lui ont pas permis d'étendre cette dernière aussi loin qu'il l'aurait voulu. Cependant, dès 1882, les ouvriers et employés pouvaient placer leurs épargnes dans le capital social de la société. M. Van Marken mit à cette époque à la disposition de la section des « intérêts du personnel » 10 actions de 1.000 florins, au cours d'émission de 120 o|o et fonda « l'administration des 10 actions dans la Fabrique néerlandaise de levure et d'alcool ». Ainsi, cette administration émit des certificats de 10 florins chacun pour tout membre qui désirait en acheter jusqu'à un maximum de 10 actions (100 florins par tête).

M. Van Marken s'est engagé à reprendre ces certificats à tout moment au prix d'émission.

Au 31 décembre 1899, 57 personnes étaient en possession de 510 parts d'action.

Nous trouverons plus loin, dans la liste des maisons ayant établi la participation au capital par un prélèvement sur les bénéfices, le mode employé par M. Van Marken pour son imprimerie.

En Angleterre

Les Sociétés de Placement

Certaines maisons et sociétés anglaises ont adopté

un système de *société de placement* pour permettre à leur personnel d'acquérir des actions dans les entreprises qui les emploient.

Ces *sociétés de placement* sont constituées par les employés d'une maison et servent de caisse d'épargne à leurs membres. Au fur et à mesure de ses moyens, la société de placement achète avec ses fonds des actions ou parts de la société dont les membres deviennent ainsi des associés.

Cassell and C°, *Londres*. — La grande maison d'imprimerie et d'édition, Cassel et C¹ᵉ, à Londres, au capital de 12.500.000 francs par actions de 250 francs emploie environ un millier d'ouvriers. En 1883 la maison fut transformée en société anonyme, et les statuts de la société établissaient qu'après avoir fait les retenues pour un fonds de réserve et pour les 5 o/o d'intérêts au capital, 5 o/o des profits restant iraient à un fonds de prévoyance. La portion nette du fonds était estimée à 15.000 francs par an ; 784 employés furent qualifiés en 1883, par une année ou plus de service, pour participer aux bénéfices. Les parts sont capitalisées et peuvent être payées à l'employé en cas d'incapacité après cinq années de service ou à sa famille à sa mort. En 1886 plus de 300 employés possédaient 5.266 parts, représentant un capital de 1.175.000 francs.

La *Belle sauvage share Investment Company*

est une association des employés de la maison ayant pour but d'acquérir des actions ; tous les employés de la maison peuvent faire partie de la société. En 1886 elle avait pris et payé 1.018 actions. Au moyen d'un paiement d'un shilling par semaine, les membres sont devenus ainsi les propriétaires de plus de mille actions.

Foster, Sons et C⁰ Ltd., *à Padiham*, est une entreprise de peinture.

« Il y a environ neuf ans, nous écrivent MM. Foster, Sons et C⁰, que notre pensée fut dirigée pratiquement vers la participation avec nos employés. Nous pensâmes au début que nos ouvriers n'étaient pas mûrs pour une association absolue, et à titre d'essai, comme agent d'éducation, nous adoptâmes un système de simple participation aux bénéfices, qui fut continué pendant trois ans. Au bout de ce temps, nous instituâmes le système actuel de participation, sous les auspices de la Labour Co-Partnership Association.

Voici en quoi consiste notre système. Notre affaire était, dès 1903, constituée en société « limited » sous la raison sociale « Foster, Sons et C⁰. »

Pour éviter l'inconvénient d'avoir un nombre de petits actionnaires avec parts directes dans le capital de la firme, il fut jugé prudent de réunir ces ouvriers, que nous désirions voir devenir actionnaires, en une société qui pourrait posséder en bloc les actions prises dans notre affaire: Cette société est enregistrée d'après le « Friendly societies Act » sous le nom de *Fosters' Employees Ltd*. Ses membres sont les employés que nous considérons comme des hommes réguliers, Notre base de participation est déposée dans les articles de notre association. A la fin de l'année nos comptes sont épurés par une maison de comptabilité et la balance est faite. Du solde disponible pour la distribution, un premier paiement de 5 o/o sur le capital est effectué. Ce qui reste ensuite est considéré comme profits nets, qui sont répartis comme suit :

10 o/o sont alloués à la société des employés pour leur fonds commun ;

40 o/o à la société comme boni sur les salaires des employés ;

25 o/o à la direction comme son bénéfice.

Et 25 o/o pour augmenter le dividende du capital.

Pour expliquer la répartition des bénéfices, supposons que pour une année ils se montent à 18.750 francs, et que le capital est de 500.000 francs. Nous pourrons diviser les bénéfices comme suit :

5 o/o pour cent au capital............... 2.500 fr.

Bénéfices nets restant................... 16.258 fr.

On se met d'accord pour verser au fonds de

réserve .... 3.750 fr.

10 o/o (du reste 12.508 fr.) au fonds com-
    mun................................... 1.250 fr.
40 o/o (du reste 12.500 fr.) comme bénéfice
    des travailleurs...................... 5.000 fr.
25 o/o (du reste 12.500 fr.) comme bénéfice
    de la direction...................... 3.125 fr.
25 o/o (du reste 12.500 fr.) pour augmenter
    le dividende .... 3.125 fr.

Le dividende du capital deviendrait ainsi de 11 1/4 o/o.

Nous avons stipulé que la part de bénéfices des ouvriers serait utilisée à acquérir des actions de la société, jusqu'à ce que chaque employé possédât un minimum de 250 francs. Après cela, il peut tout retirer de la caisse. La société des employés, en sa qualité d'actionnaire, reçoit un dividende comme tout autre porteur d'actions.

La société opère comme suit. Les membres ont un carnet dans lequel leur capital est inscrit comme un prêt. Quand le montant atteint 125 francs, le membre reçoit un certificat d'actions pour cette somme. Avant cela l'intérêt payé est de 5 o/o, et sur les parts au taux fixé par la maison.

Les ouvriers reçoivent un bénéfice au prorata du montant des salaires reçus pendant l'année. Le fonds commun est employé pour donner des secours en cas de maladie, d'accidents, ou pour des besoins exceptionnels de la famille, en cas de décès ou pour un but d'éducation. Le bénéfice est versé à tout ouvrier qui a travaillé huit semaines pendant l'année. Dans notre affaire, nous employons une main-d'œuvre qui n'est pas régulière ; cela est dû à la fluctuation des affaires généralement. Ces hommes sont appelés des non-membres. Ils reçoivent un boni en espèces, au taux généralement des deux tiers de celui reçu par les membres de la société. Le solde retenu est placé dans un fonds de prévoyance des non-membres, sur lequel des avances sont faites aux non-membres si c'est nécessaire, tant qu'ils sont employés par nous. Les affaires de la société sont dirigées par un comité d'ouvriers avec leur propre secrétaire et trésorier. L'accord intervenu entre la maison et la société des employés permet à la société de posséder un tiers du capital total de la compagnie, mais pas plus de 250.000 francs. La société possède des actions pour une valeur de 19.100 francs. Elle a environ 2.500 francs en fonds utiles pour les verser au fonds commun et pour satisfaire les demandes des non-membres.

« Notre expérience de « co-partnership » a, dans son ensemble, été satisfaisante. Nous trouvons que les ouvriers apportent plus de soin et de diligence dans l'exécution de leur travail. Ceci s'applique non seulement au travail d'adjudication, mais aussi au travail à la journée.

« Nous trouvons aussi, et c'est là un des résultats

les plus satisfaisants, qu'il y a chez des ouvriers un désir croissant d'étudier les intérêts de ceux qui confient leur travail à la maison. Naturellement il serait ridicule de crier que nous avons atteint la perfection. Avant d'obtenir de meilleurs résultats, il sera nécessaire d'élever l'intelligence morale et générale de bien des ouvriers. L'intérêt éveillé par ce système a, par lui-même, une valeur éducatrice considérable. En outre nous avons de fréquents entretiens avec nos ouvriers sur les principes contenus dans la participation et les idées que nous avons en vue pour le perfectionnement de nos services. »

Limited Partnership Law. — Au mois de janvier 1908, fut votée la « Limited Partnership Law » qui permet à une personne de devenir participante limitée dans une affaire sans rien changer au vieux nom de la maison, ni en aucune façon affecter le caractère privé de la firme. Ce changement dans la loi devrait favoriser très largement un accroissement de la participation. Bien des employeurs ne pourraient qu'être satisfaits de prendre leurs employés comme participants, mais qui ne voient pas le moyen de faire enregistrer leur maison sous le régime de la responsabilité limitée.

La première maison qui a adopté ce moyen est la maison **Gilbert Bros.**, de School Lane, Nantwich, importante manufacture de chaussures. Plusieurs de leurs employés ont été avec eux pendant trente et quarante ans. MM. Gilbert frères ont aujourd'hui réuni leurs employés en une Société appelée « Gilbert Bros Employees Ltd ». Cette société et les deux MM. Gilbert ont fait enregistrer un acte de participation d'après lequel MM. Gilbert deviennent des associés généraux et la société un « associé limité ». Un associé limité n'encourt aucune responabilité au delà du montant de sa part dans l'affaire, tandis que les associés généraux restent responsables des dettes de l'affaire par la totalité de ce qu'ils possèdent, comme les associés ordinaires d'une affaire privée. D'un autre côté, l'associé limité ne doit pas, d'après la loi, se mêler de la direction de la maison, en dehors de l'exercice d'un pouvoir très limité de consultation.

L'acte d'association, dans ce cas, prévoit que d'après des appointements modérés aux associés généraux, la dépréciation et un intérêt de 5 o/o pour le capital, les bénéfices restant vont à un fonds de participation aux bénéfices, jusqu'à ce qu'il ait été payé 1 shilling par livre sur les salaires, et après cela, au fonds de réserve. La première contribution de la société au capital de l'association est de 2.500 francs et une provision est faite pour accroître son intérêt dans l'affaire par le total du boni de participation (sujet à certaines règles de retrait par les employés) et par de nouvelles sommes que les employés préfèrent prendre sur leurs économies. De plus une provision est faite de telle sorte que, à mesure que le capital des employés dans l'affaire augmente, le capital des associés généraux sera réduit et lorsque les associés généraux ont été payés, l'affaire appartiendra aux employés de la société seulement, et continuera avec une responsabilité limitée.

La participation aux bénéfices existe dans cette maison depuis le milieu de 1906. MM. Gilbert frères n'ont pas craint d'aller de l'avant, en montrant par un premier exemple comment les patrons peuvent utiliser le « Limited Partnerships Act » comme un instrument dans la grande œuvre de la transformation du capitalisme en une forme plus élevée de l'organisation industrielle.

La **Glasgow United Baking Society**, établie en 1868, fabrique du pain et des biscuits de toutes sortes. Son capital est entièrement entre les mains d'autres sociétés, aucun actionnaire individuel n'étant admis. Elle est en fait une fédération de sociétés. Cependant, afin que les employés puissent participer au capital, une société de placement des employés a été constituée, et cette société est admise comme membre ou participant dans la Fédération. Les employés peuvent adhérer à leur société de placement et recevoir une part des bénéfices de la Fédération. Ainsi, ils peuvent accumuler en quelque sorte des actions dans la Société de placement qui les place dans la Fédération.

Le tableau suivant montre les progrès de la société :

	Actions, obligations et fonds de réserve	Chiffre d'affaires	Bénéfices
1896	8.450	127.025	375.
1879	159.950	686.475	33.275
1889	924.950	1.781.025	67.750
1899	4.738.875	7.977.825	706.425
1904	9.187.700	12.063.600	1.267.175
1908	9.841.375	14.190.100	1.089.025

Les bénéfices sont partagés à tant par livre (1) sur les achats des clients et au même taux par livre sur les salaires des employés. Pendant quelques années ce taux a été environ de 1 shilling 6 d. ou 1 shiling 9 d. par livre (2).

Nombre des sociétés à participation. — Les sociétés à participation ouvrière, groupées par industrie, sont au nombre de : 18 dans l'habillement et le textile ; 16 dans l'agriculture ; 16 dans la chaussure et les cuirs ; 12 dans la métallurgie ; 17 dans le bâtiment et la menuiserie ; 16 dans l'imprimerie et 19 dans diverses industries, soit en tout 112 sociétés.

1. Livre de 25 francs.
2. Le shiling vaut 1 fr. 25.

II

ACCESSION AU CAPITAL
PAR LA PARTICIPATION AUX BÉNÉFICES

En France

LA PAPETERIE COOPÉRATIVE D'ANGOULÊME

C'est en 1843 que *J. Edmond Laroche-Joubert* eut l'idée de pratiquer, dans sa maison, l'association du travail, de l'intelligence directrice et du capital. Cette association a pour but (1) :

1° De compléter le salaire au traitement usuel convenu des trois facteurs de la production associés, par un supplément éventuel proportionné aux bénéfices nets de l'entreprise ;

2° De faciliter aux travailleurs la possibilité de se constituer un capital individuel, par la faculté qui leur est offerte de déposer tout ou partie de ce bénéfice éventuel, en même temps que leurs économies, dans la Caisse des dépôts de la maison ;

---

1. *Règlement de Coopération* de la Papeterie coopérative d'Angoulême (Maison Laroche-Joubert). — Imprimerie Despuyols, Angoulême.

3° De les encourager, sans les y obliger dans la moindre mesure, à transformer ces dépôts en parts du capital de la maison et à devenir ainsi *copropriétaires de l'actif social* avec les mêmes droits et obligations que les autres commanditaires.

Les bénéfices nets sont répartis entre les trois facteurs de la production associés dans la proportion suivante :

25 o/o soit un quart au capital ;

25 o/o soit un quart aux gérants et au Conseil de gérance ;

50 o/o soit deux quarts aux coopérateurs, c'est-à-dire au travail.

Répartition des Bénéfices

La part de bénéfices nets attribuée aux coopérateurs est répartie entre eux proportionnellement à *leur salaire*, à *l'ancienneté de leurs services* et à *l'importance de leur emploi*.

Tous les travailleurs ayant atteint l'âge de dix-huit ans participent à cette répartition à partir de l'exercice commercial qui a suivi l'époque à laquelle ils sont entrés au service de la maison.

Le *salaire* étant la base de la répartition, il est remis à tout coopérateur un carnet sur lequel est inscrit, page par page, son salaire, c'est-à-dire le traitement fixe, le salaire à la tâche, les heures supplémentaires...

L'ancienneté des services est un des éléments de la répartition.

Pour établir la part provenant de l'ancienneté, le salaire réel ou fixe sera majoré de :

10 o/o après le 10ᵉ exercice auquel le coopérateur aura participé.

10 o/o	—	15ᵉ	—
10 o/o	—	20ᵉ	—
10 o/o	—	25ᵉ	—
10 o/o	—	30ᵉ	—

soit 50 o/o en tout jusqu'au 30ᵉ exercice.

Les sommes, attribuées à la suite de chaque inventaire, à chacun des coopérateurs, lui sont définitivement acquises dès que l'inventaire a été arrêté par le *conseil de gérance* et vérifié par le *conseil coopératif*. Elles sont à partir de ce moment sa propriété personnelle. Toutefois, le versement n'en est exigible que trois mois après, et sans intérêts, comme pour le dividende du capital. Le coopérateur en a, s'il est majeur, la libre disposition. *S'il est mineur* ces sommes sont admises d'office à la coopération des dépôts. Il ne peut disposer de son dépôt que :

1° S'il contracte un mariage, qu'il s'agisse des garçons ou des filles ;

2o S'il part pour le service militaire.

Si le *coopérateur est majeur*, il est fait, chaque année, deux parts égales de la somme de ses bénéfices, qui sont portées distinctement au crédit de son compte ; elles sont l'une et l'autre sa propriété exclusive, mais il n'aura pendant les cinq premières années la libre disposition que de l'une d'elles. Après ces cinq années, cette réserve cesse. Elle a pour but de l'habituer à l'épargne et de lui en faire comprendre les avantages.

Emploi des Bénéfices

Pour l'emploi des bénéfices, la Papeterie coopérative d'Angoulême offre à ceux-ci les modes suivants :

Les dépôts coopérateurs ;

Les comptes courants ;

Les obligations nominatives de la maison ;

La participation au capital social.

Dépôts coopérateurs. — Le personnel de tout rang et de tout âge est admis à demander l'ouverture d'un compte de dépôt. Ces dépôts peuvent recevoir les économies réalisées dès le second mois de l'entrée du travailleur à la maison.

Le maximum de chaque compte de dépôt coopérateur est fixé à 3.000 francs. N'ont plus droit à ce compte de dépôt les coopérateurs qui participent au capital social pour au moins 3o.ooo francs. Les coopérateurs, retirés du service actif, n'y ont plus droit.

Ils peuvent s'effectuer par versement quelconque de 1 franc au minimum.

Lorsque le compte de dépôt d'un coopérateur ayant au moins deux ans de service dans la maison atteint 100 francs, intérêts capitalisés compris, le déposant, qui a renoncé à la faculté de disposer sans délai de son dépôt peut recevoir, en plus de l'intérêt, le dividende pris sur les 20 o/o des bénéfices qui sont attribués au capital social et à celui des déposants.

Le capital des déposants prend part à cette répartition au demi-marc le franc, tandis que le capital social y prend part au marc entier le franc, c'est-à-que lorsque le capital social recevra 1 franc par 1oo francs, le capital des déposants recevra un 1/2 franc ou 5o centimes par 1oo francs.

Comptes courants.— Les coopérateurs dont le compte de dépôt ou la part du capital social ont atteint le maximum, peuvent être admis à faire emploi de leurs bénéfices et de leurs économies en compte courant.

Les coopérateurs, retirés du service actif, peuvent conserver ou obtenir un compte courant.

Ces comptes courants sont productifs des mêmes intérêts que les comptes de dépôts et soumis aux mêmes règles quant aux retraites et aux remboursements ; mais ils ne participent pas aux bénéfices.

La limite maxima du crédit des comptes courants est fixée par le Conseil de gérance.

Obligations nominatives de la maison

Lorsque la maison émet des obligations, le Conseil de gérance fixe la proportion de ces obligations qui est réservée par préférence aux déposants coopérateurs et aux possesseurs de comptes courants.

Les déposants coopérateurs et possesseurs de comptes courants sont avertis des émissions par une lettre circulaire qui leur rappelle la situation de leurs différents comptes dans la maison, et leur indique les délais dans lesquels ils peuvent profiter de la préférence qui leur est offerte.

Ces obligations sont leur propriété personnelle ; elles leur sont remises ou restent attachées à la souche selon qu'ils le demandent.

Mais s'ils veulent les vendre, ils doivent d'abord en offrir la préférence à la maison.

Le montant des coupons, comme le capital des obligations sorties au tirage, sera porté au crédit du compte de dépôt ou du compte courant du coopérateur.

Ces obligations n'entraînent aucun engagement social pour leurs possesseurs, de même qu'elles ne créent pour eux aucun droit de la nature.

PARTICIPATION AU CAPITAL SOCIAL

Lorsque les économies et les bénéfices accumulés d'un coopérateur ont atteint la somme de un ou plusieurs mille francs, ce coopérateur peut être admis à employer cette somme à devenir *participant au capital*, c'est-à-dire commanditaire de la société. Il devient ainsi associé de la maison et *copropriétaire de l'avoir* de la *Papeterie coopérative d'Angoulême*. Il en partage alors les chances bonnes ou mauvaises, comme tous les autres associés, gérants ou commanditaires, en proportion de la somme pour laquelle il a été admis à cette participation au capital.

Les parts du capital sont par fractions indivisibles de 1,000 francs.

Les admissions à la participation au capital sont consenties par le Conseil de gérance.

La faculté de retrait des fonds accordés aux comptes de dépôt et aux comptes courants n'est pas applicable aux sommes admises au capital social.

Ces parts de capital cessent d'être disponibles jusqu'à la fin de la société (soit jusqu'au 31 janvier 1913).

Les commanditaires peuvent avoir la faculté de demander ce remboursement, mais la gérance a le droit de repousser ces demandes sans être tenue de motiver sa décision ; cette prudente réserve est indispensable, car le capital d'une industrie ne peut pas être à la merci des caprices de ceux qui l'ont fourni.

Taux de l'intérêt des comptes de dépot et comptes courants

Le taux d'intérêt des comptes de dépôt et des comptes courants varie à la volonté du déposant, selon le terme de remboursement qu'il a choisi.

Le taux est fixé par le Conseil de gérance, au début de chaque exercice social après l'arrêté et la vérification de l'inventaire de l'exercice précédent.

Il ne peut pas être supérieur à 4 1/2 o/o l'an, sauf pour les dépôts de moins de 3oo francs dont le taux d'intérêt, par faveur exceptionnelle, est invariablement de 5 o/o. Le déposant peut en disposer librement dans la huitaine de sa demande.

Il doit être inférieur de 1/4 à 1/2 o/o au revenu total net d'impôt du capital social, pendant l'exercice précédent sans pouvoir descendre au-dessous de 3 o/o pour les dépôts ou comptes courants remboursables seulement après un an de la demande.

Après chaque inventaire, les déposants sont invités à faire connaître le taux d'intérêt et le délai de remboursement correspondant qu'ils croient devoir choisir.

Si le déposant déclare se réserver la faculté de disposer librement de son dépôt à tout instant, l'intérêt est réduit à 3 o/o et le maximum du dépôt est fixé à 1.500 francs.

Si le déposant déclare au contraire qu'il désire jouir de l'intérêt le plus élevé, il ne peut plus retirer son dépôt qu'un an après le jour où il aura fait la demande.

Retraits de fonds

Les retraits d'argent en dépôt et en compte courant peuvent s'effectuer par n'importe quelle somme jusqu'au maximum de 10 francs.

Si le dépôt a été constitué en totalité ou en partie seulement par des versements volontaires effectués depuis moins d'un an au cours des mois de travail très actif durant lesquels le salaire est plus élevé, le déposant peut durant les mois de morte-saison de la même année, retirer en trois ou quatre versements différents, espacés au moins d'un mois entre chacun d'eux, la totalité des sommes ainsi déposées volontairement.

Le directeur fait les versements sans observation dans les vingt-quatre heures.

La même faculté de versement sans formalité est accordée au déposant qui veut retirer une petite partie d'un dépôt provenant des accumulations antérieures d'économies, de bénéfices ou d'intérêt, pourvu que la somme demandée en une ou plusieurs fois dans le même exercice n'excède pas :

5o fr. pour les dépôts de	3o	à	5oo fr.
1oo fr. — de	5oo	à	1ooo fr.
15o fr. — de	plus de		1ooo fr.

Direction et Administration

La Papeterie coopérative d'Angoulême est administrée par un *Conseil de gérance*, nommé par les commanditaires de la société, par un *conseil des directeurs*.

Pour contrôler les inventaires et seconder la gérance et le Conseil de gérance, il a été créé un *conseil coopératif*. Le conseil est purement consultatif.

Il est composé :

Du ou des gérants,

Des membres du conseil de gérance,

Des membres du conseil des directeurs,

Des membres élus au scrutin secret par les coopérateurs majeurs, hommes ou femmes, de tout rang et de tout grade.

Les employés des expéditions et magasins d'Angoulême nomment *un* délégué.

Les employés des bureaux d'Angoulême et les voyageurs et agents de vente nomment *un* délégué.

Les coopérateurs des exploitations de fabrication

et des entreprises de façonnage nomment chacun un délégué par 140 personnes employées, ou par fraction de 140 personnes.

Sont éligibles les coopérateurs, hommes ou femmes, jouissant de leurs droits civils et en outre, pour les hommes, de leurs droits politiques, les uns et les autres sachant bien lire et écrire, ayant au moins cinq années de service ininterrompu et trente ans d'âge.

Le *Conseil coopératif* se réunit sur la convocation du gérant toutes les fois que cela paraît nécessaire au dit gérant.

Il donne son avis sur toutes les questions qui lui sont soumises, tant au sujet de l'application du règlement de coopération que sur les modifications qui pourraient y être proposées, soit par ses membres, soit par la gérance.

Il peut être consulté également sur toutes les questions touchant les règlements intérieurs des ateliers, usines et comptoirs de la maison.

Chacun de ses membres peut saisir le conseil de questions relatives à ces règlements.

Toute proposition faite en séance est renvoyée de droit à la prochaine réunion, si quelqu'un des membres du conseil le demande.

Les directeurs sont assistés par les délégués coopératifs de leurs services respectifs dans leurs travaux d'inventaire ; les délégués doivent viser les états d'inventaire avant que leurs directeurs les présentent au Conseil de gérance.

Les directeurs et délégués, réunis sous un président de leur choix en session extraordinaire, en l'absence du ou des gérants, et des membres du Conseil de gérance, qui ne peuvent assister à cette réunion de vérification et de contrôle, reçoivent communication de l'inventaire afin d'en contrôler l'exactitude et d'en affirmer au besoin aux coopérateurs la sincérité. Le ou les gérants et les membres du Conseil de gérance se tiennent à la disposition du Conseil coopératif pour toutes explications qu'ils croiraient devoir leur demander.

L'exercice de cette partie capitale de leurs fonctions ne saurait entraîner pour les membres du Conseil coopératif aucune responsabilité dans la confection des inventaires vis-à-vis des tiers.

Tel est en substance le règlement de coopération qui fonctionne dans la maison Laroche-Joubert, à ses usines de Lescalier et de Basseau, près d'Angoulême et dans sa maison de vente de Paris.

Tout ouvrier ou employé, admis à titre définitif ou provisoire à la maison, reçoit, dans le mois de son entrée, un livret en tête duquel seront imprimées les prescriptions du règlement.

Ce livret est destiné à l'inscription de son salaire devant servir de base à la répartition des bénéfices. Il contient la copie des différents comptes qui lui auront été ouverts sur le grand-livre de la coopération. Le livret est personnel. Il doit être conservé avec soin et présenté à toute réquisition des chefs de service et gérants de la maison.

Le salaire devant y être inscrit paye par paye, le paiement de ce salaire est reporté à la quinzaine suivante pour ceux qui ne présentent pa leurs livret au comptable chargé de les payer.

LA FAMILISTÈRE DE GUISE
GODIN ET CIE

C'est en 1880 que Godin, propriétaire de fabriques de poêles et articles de chauffage, l'une à Laeken (Belgique), et l'autre à Guise (Aisne), établit dans ses usines l'association du capital et du travail, Auparavant il avait recherché par quels moyens on peut améliorer le sort de l'ouvrier et dans ce but il avait fait construire des habitations spacieuses et saines qu'il mit à la disposition de ses ouvriers ; il appela l'ensemble de ces bâtiments le familistère. Le nom leur est resté et c'est sous ce nom que l'on désigne aujourd'hui l'ensemble des constructions qui constituent les logements ouvriers et la fabrique de Guise.

C'est dans son ouvrage sur la *Mutualité so-*

ciale que Godin a exposé les idées qui l'ont poussé à adopter le système d'association du capital et de travail.

« La plupart (1) de ceux qui se sont occupés de l'amélioration du sort des classes laborieuses, ont considéré l'accès à la propriété comme une condition essentielle de cette amélioration.

Le moyen proposé pour atteindre ce but a consisté surtout à placer les économies de l'ouvrier, quand celui-ci en peut faire, dans l'achat d'une petite maison servant à le loger lui et sa famille. Mais on a négligé de lui donner un intérêt dans l'usine, dans la fabrique et dans la ferme.

Il est pourtant bien aussi intéressant pour l'homme de labeur de se sentir des droits sur l'atelier et l'instrument de travail qui constituent son gagne-pain que sur la maison qu'il habite.

L'atelier, en effet, n'est pas seulement le lieu où se gagne la subsistance de chaque jour, il est de plus celui où l'ouvrier dévoue sa liberté à l'action méritoire du travail.

En n'ouvrant à l'ouvrier que la perspective de devenir propriétaire de son habitation, on ne réalise qu'une faible partie de ce qui est à faire ; car l'atelier où le travailleur passe sa journée, la matière qu'il met en œuvre, le produit qui sort de ses mains,

____

1. Godin. *La Mutualité sociale,* chap. XIII.

le profit qu'on fait de ce produit sont des choses qui le touchent de près et dans lesquelles il ne serait certainement pas moins heureux d'avoir une part d'intérêt que dans l'habitation où il est logé.

Si l'accès à la propriété doit relever l'homme en dignité, il faut la rendre possible à tous. Mais, dira-t-on, comment arriver à un tel résultat ?

C'est encore l'association qui en offre les moyens : —

C'est elle qui, sans nuire à l'unité de la ferme et des cultures, permet d'intéresser l'ouvrier des champs aux opérations agricoles.

C'est elle qui, sans porter atteinte à l'unité de direction industrielle, permet à l'ouvrier de l'usine et de la fabrique de posséder une part d'intérêt dans le capital de l'industrie à laquelle il est attaché. »

En vertu de ces principes Godin fonda en 1880, au Familistère de Guise, « l'association entre travailleurs et capitalistes » qui prit la dénonciation de

Société du Familistère de Guise

Association coopérative du capital et du travail

« L'association a pour but, dit l'acte constitutif, d'organiser la solidarité entre ses membres par le moyen de la participation du capital et du travail dans les bénéfices. »

Godin apportait à la société :

Le familistère de Guise,

Ses usines de Guise et de Lacken,

Les marchandises, marchés, traités et commandes de toutes sortes,

Et un fonds de roulement de 150.000 francs.

L'apport de Godin était estimé à 4.600.000 francs. Il reçut des titres d'apport pour une valeur égale, car il n'entendait pas faire cadeau à ses ouvriers de cet apport ; ils devaient le racheter.

A cet effet, il décida que les ouvriers participeraient désormais aux bénéfices. La répartition était faite par un « comité des délégués » des ouvriers, composé de 9 membres, qui se réunit tous les ans avec l'administrateur délégué et le conseil de gérance, celui-ci composé des directeurs des divers services de l'entreprise, comprenant 13 personnes.

La répartition était ainsi effectuée :

1° 25 o/o au fonds de réserve ;

2° 50 o/o au travail et au capital ;

Le travail reçoit ses bénéfices en titre d'épargne et le capital en numéraire.

3° 25 o/o aux capacités,

Soit 4 o/o à l'administrateur délégué,

16 o/o au conseil de gérance,

2 o/o au conseil de surveillance (3 membres)

et 3 o/o pour gratification et préparation aux écoles professionnelles des enfants du familistère.

Le personnel était divisé en quatre catégories :

Les *auxiliaires* ou personnel flottant, qui étaient assurés contre la maladie, les accidents et le cas échéant, la retraite ;

Les *participants*, qui touchent une part sur les bénéfices ;

Les *sociétaires*, qui touchent une part et demie ;

Et les *associés* qui touchent deux parts.

Les bénéfices étaient versés sous la forme de titres d'épargne, créés dans la mesure où les titres d'apport du fondateur étaient annulés. L'annulation de ces derniers titres représentait un remboursement en espèces. Godin avait prévu ce remboursement en titre d'épargne de façon à permettre la création de nouveaux titres en faveur des travailleurs récemment admis dans la société. La part d'associé est de 500 francs, mais pour être associé, il était obligatoire d'habiter le familistère.

Godin était gérant à vie de la société. Il mourut en 1888.

Ainsi par la participation aux bénéfices, les travailleurs ont racheté à Godin l'apport qu'il aurait fait à la société lors de sa fondation et sont devenus peu à peu les seuls propriétaires de l'affaire, qui a été en progrès constants depuis cette époque. L'apport de Godin était remboursé en 1895 et c'est à cette date que le capital a été entièrement dans les mains du personnel.

En 1884-1885, le Familistère de Guise faisait un chiffre d'affaire de 3.991.479 fr.71.

Pendant cette époque, le personnel augmentait peu ; mais progressivement les travailleurs auxiliaires diminuaient et les associés augmentaient dans de notables proportions.

Membres de l'association

	en 1880	en 1899
Associés............	46	316
Sociétaires.........	62	160
Participants........	442	615
Auxiliaires.........	1.133	795
Total............	1.683	1.886

« Ajoutons que depuis le fonctionnement de la participation aux bénéfices, il a été distribué aux travailleurs, et en certificats d'épargne, une somme totale de 5.037.597 francs, qui représente la part du travail dans les bénéfices.

Depuis la fondation de l'association il a été payé au capital 4.600.000 francs d'intérêts et 406.544 francs de dividendes, soit un total de 5.006.544 francs représentant la participation du capital dans les bénéfices.

Dans la combinaison de J.-B.-A.-Godin, la part revenant au travail et la part revenant au capital sont donc sensiblement égales.

Depuis la même époque, on a versé 983.390 francs à titre de subventions aux diverses assurances mutuelles.

Les frais d'éducation et d'instruction de l'enfance donnent un total de 638.419 fr. 78.

Enfin, depuis 1895, (époque à laquelle l'apport Godin fut remboursé) les remboursements effectués sur les titres anciens se sont élevés à 1.420.135 fr.

Ces quelques chiffres permettent d'apprécier l'œuvre de Godin » (1).

Une expérience de vingt années, dit la *notice*, marquée par la mort du fondateur et la succession des trois administrateurs-gérants, a montré que l'institution peut résister aux attaques du temps ; que les éléments de son organisation ne sont pas forcément en opposition les uns avec les autres, et que ces deux facteurs, capital et travail, par leur accord, peuvent contribuer à aplanir les difficultés au milieu desquelles les sociétés se débattent avec tant de peine.

En dépit des critiques qu'on peut toujours adresser à une œuvre humaine, surtout quand elle provient d'une initiative aussi neuve et aussi hardie, le Familistère est encore aujourd'hui la tentative la plus remarquable et la plus probante pour acheminer la société, sans secousse, du régime du salariat,

---

1. *Notice sur la Société du Familistère de Guise*. Guise.

si gros de souffrances et de danger, au régime de l'association ».

MAISON LECLAIRE
11, rue Saint-Georges, Paris

C'est Leclaire qui, le premier, en France, établit dans son entreprise de peinture la participation aux bénéfices. Apprenti peintre à dix-sept ans, il était chef d'atelier à vingt ans. Il s'établit en 1827 comme entrepreneur dans une modeste boutique.

« En 1829, il osa entreprendre de grands travaux en offrant aux ouvriers 5 francs par jour au lieu de 4 francs. Il réussit, et, arrivé au but, pensa aussitôt à ses collaborateurs moins heureux.

« Affligé de voir ses ouvriers souffrir et mourir des maladies saturnines (coliques de plomb), il fonde d'abord pour eux une société de Secours mutuels en 1838. Bientôt soulager et guérir ne lui suffisent plus : il veut détruire le mal dans sa source. Se faisant chimiste pour supprimer l'emploi dangereux de la céruse, il découvre, en 1844, la manière d'utiliser en peinture le blanc de zinc, substance inoffensive.

« Mais la grande œuvre de Leclaire, c'est l'établissement dans sa maison, de la participation des ouvriers aux bénéfices. C'est en 1842 qu'il a adopté et mis en pratique ce principe. Après de nombreuses difficultés, le succès le plus complet vint couronner ses efforts persévérants, continués sans relâche pendant trente ans pour le triomphe d'une idée.

« Désirant prouver que ce succès ne dépendait pas de sa présence et que la maison pouvait marcher et prospérer sans lui, Leclaire, dès 1865, voulut en laisser à son associé, Alfred Defournaux, la direction exclusive. Il intervint cependant en 1869, pour appliquer d'une manière plus complète encore le système de la participation » (1).

Il mourut en 1872.

Au début, la participation fut organisée par Leclaire sous forme de gratifications aux ouvriers les plus anciens et les plus méritants. Ce n'est qu'en 1869, qu'il songea à pratiquer la répartition des bénéfices à tous ses ouvriers. Il élabora un règlement qui déclarait que «la maison, ayant le désir que tous les ouvriers laborieux et intelligents qui lui viennent en aide participent dans ses bénéfices, a pris, à l'égard de ceux qui n'y travaillent que momentanément, et à titre d'auxiliaires, les dispositions suivantes :

A partir du 16 février, tous les ouvriers, quels que soit leur savoir-faire, ainsi que les employés et

1. *Maison Leclaire*, à l'Imprimerie Chaix, 20, rue Bergère.

les apprentis travaillant à la maison seront associés aux bénéfices.

La répartition était ainsi réglée :

15 o/o des bénéfices nets sont attribués aux gérants ;

35 o/o à la société de Prévoyance et de Secours mutuels ;

50 o /o aux ouvriers et employés au prorata des salaires et appointements.

Mais avant d'arriver à cette répartition, Leclaire avait établi, dans sa maison, parmi le personnel une sorte de hiérarchie.

Le Noyau. — La base de l'organisation est le « noyau ».

« Le noyau d'une maison industrielle se compose d'ouvriers intelligents et d'une bonne moralité, c'est à l'aide de ces hommes d'élite qu'on parvient à donner satisfaction aux exigences de la clientèle et que l'on peut atteindre une grande perfection dans le travail.

C'est à l'aide de ces collaborateurs dévoués qu'il est possible d'entreprendre beaucoup de travaux et de faire mouvoir avec avantage un grand nombre d'auxiliaires.

Le noyau s'accroît en raison du développement que prend l'industrie qu'on exerce » (1).

1. Extrait du règlement de la maison Leclaire.

Le noyau est recruté au mérite et non à l'ancienneté. Pour en faire partie il faut être âgé de vingt-cinq ans au moins, de quarante ans au plus. A l'époque de l'élaboration de ce règlement, Leclaire avantagea les membres du noyau d'une augmentation de 25 centimes sur le salaire accordé par le tarif de la ville de Paris. Les 25 centimes n'étaient remis aux ayants droit qu'à la fin de l'année.

D'une façon générale il faut avoir travaillé dans la maison pendant cinq campagnes pour pouvoir faire partie du noyau.

Enfin l'ouvrier qui aura travaillé à la maison pendant cinq années, sans discontinuer, et qui fera partie du noyau, pourra obtenir de faire partie de la société de secours mutuels des ouvriers et employés de la maison Leclaire. Les membres du noyau se réunissent tous les ans en assemblée générale en février. Cette assemblée nomme, parmi ses membres, deux commissaires pour contrôler les opérations de l'année. Elle élit également les chefs d'atelier pour un an, elle prononce l'admission des ouvriers et employés au noyau et elle nomme, pour un an, les membres du comité de conciliation.

Le Comité de conciliation. — Le comité de conciliation est composé de 9 membres, dont :

5 ouvriers et chefs d'atelier,

3 employés.

Et le patron, président de droit.

Le comité de conciliation prononce les peines à infliger aux ouvriers faisant partie du noyau, les apprentis et les employés classés qui, pendant le travail, s'écarteraient de leurs devoirs ; il en est de même à l'égard de ce qui touche à la moralité, à l'improbité, à l'ivrognerie et aux intérêts de la maison.

La Société de prévoyance. — En 1862, Leclaire fonda *la Société de prévoyance et de secours mutuels des ouvriers et employés de la maison Leclaire.* C'est par elle que la maison Leclaire peut être rangée parmi les entreprises favorisant l'accession au capital. En effet, les ressources de la société se composent : des gratifications de la clientèle, des amendes infligées aux sociétaires, du droit d'admission de 20 francs payé par tout sociétaire au moment de sa demande d'admission et de la part qui lui est allouée, aux termes de l'acte social, dans les bénéfices que produit l'entreprise.

Grâce à cette part dans les bénéfices, la société de secours mutuels a pu constituer un capital considérable qui se montait au 1er janvier 1905, à la somme de 5.621.640 fr. 40. Elle comptait à ce jour 130 membres actifs et 6 membres honoraires.

C'est par l'avoir de la Société de prévoyance et de secours mutuels que ces 130 ouvriers et employés de la maison Leclaire participent au capital de l'entreprise.

Quand fut constituée la société qui devait succéder à Leclaire pour l'exploitation de sa maison, le fonds social fut fourni par :

M. Leclaire pour................................	100.000 fr.
M. Defournaux, son associé, pour....	100.000
Et par la société de secours mutuels et de prévoyance pour...............	100.000
Soit au total..............	300.000 fr.

Le 6 janvier 1869, le capital de la société fut porté à 400.000 francs. C'est la société de prévoyance qui fit ce nouvel apport. La raison sociale était à ce moment *Leclaire, A. Defournaux et C*. En 1872, à la mort de Leclaire, elle devint. *A. Defournaux et C* et l'assemblée générale des intéressés eut à nommer un associé en nom collectif. Il devait être agréé par M. Defournaux et la société de secours mutuels. Ce fut M. Redouly qui fut présenté à l'agrément de M. Defournaux et de la société. A la mort de M. Defournaux en 1875, l'associé élu fut M. Marquot et la raison sociale devint *Redouly et C*.

Puis en 1891, l'assemblée générale décida de modifier les statuts et de porter le capital à 800.000 fr. qui furent fournis par :

M. Redouly pour................................	200.000 fr.
M. Valmé pour................................	100.000
M. Beudin pour................................	100.000
Et la société de secours pour.....	400.000
Soit au total...........	800.000

A la démission de M. Beudin, en 1897, la société devint commanditaire pour 500.000 francs, puis en 1902, M. Redouly démissionna également et M. Brugniot fut élu comme associé de M. Valmé. La raison sociale devint alors *Valmé, Brugniot et Cie*.

Les gérants associés sont choisis parmi les employés de la maison ; ils doivent apporter chacun une mise sociale, mais cette mise n'est formée que par l'accumulation de leur part de bénéfices annuels et l'associé sortant, ou ses héritiers en cas de décès, ne peuvent retirer leur apport qu'au fur et à mesure que le nouvel associé a pu fournir le sien.

En réalité, dans la maison Leclaire, l'ouvrier n'accède pas au capital de l'entreprise sous la forme d'une propriété individuelle. Les membres du noyau sont représentés dans la commandite par l'apport de la société de Secours mutuels. C'est de la propriété commune.

Nous n'avons signalé cette maison qu'en raison de l'époque où fut tentée la participation aux bénéfices. Le projet Briand que nous avons analysé dans la première partie de ce volume s'est visiblement inspiré des statuts de la maison Leclaire. Mais puisque aujourd'hui, l'entreprise « Valmé, Brugniot et Cie » a pu assurer son avenir, pourquoi ne changerait-elle pas sa constitution en celle d'une société anonyme par actions dont les 131 membres qui composaient la société de secours, en 1905, seraient les premiers actionnaires tout désignés. La société de secours continuant à recevoir sa part de bénéfices se consacreraient exclusivement à son rôle de prévoyance et au fonctionnement des secours et des retraites.

Ce serait un progrès par l'évolution, puisqu'elle ferait accéder les ouvriers et employés de la maison Leclaire à la propriété individuelle, en créant le régime de l'association du capital et du travail, sous une forme coopérative que n'avait pu entrevoir Leclaire, mais qu'il eut certainement adoptée s'il avait vécu plus longtemps.

La participation dans l'agriculture

DOMAINE DE GRÉSY A LALANDE, CANTON DE FRONSAC (Gironde)

Ce domaine est la propriété de M. Goffinon qui a expliqué dans une communication faite à la société pour l'étude de la participation, le 8 avril 1894, l'organisation de la participation dans sa propriété.

M. Goffinon avait décidé qu'à partir du 1ᵉʳ janvier 1893, un intérêt de participation sur les bénéfices nets de l'année serait attribué, sans quantum déterminé, suivant les appréciations du propriétaire, à titre gracieux, aux travailleurs du domaine.

Pour être participant il faut être Français, avoir une année de présence ininterrompue dans le domaine et avoir fait preuve de zèle et d'aptitude dans son emploi. Le propriétaire prononce l'admission du participant après que la demande de celui-ci aura été examinée par un comité consultatif qui se compose :

1° Du propriétaire, président ;

2° Du régisseur, vice-président ;

3° Des trois plus anciens ouvriers.

La répartition de la somme attribuée aux participants est faite suivant les services rendus, indiqués par un rapport journalier que le régisseur envoie au propriétaire. La somme attribuée à chaque participant est employée en entier à l'acquisition d'un titre de rente de 3 o/o perpétuel mixte de l'État Français, le titre est nominatif. Lorsque le participant voudra emprunter sur ce titre ou le vendre, il devra en informer le propriétaire. Le comité consultatif donne son avis sur les motifs allégués pour l'emprunt ou la réalisation.

Le propriétaire du domaine a tenu à encourager particulièrement ceux de ses ouvriers qui ont accompli et bien rempli leurs devoirs militaires. Suivant leurs notes au sortir du régiment, ils sont réembauchés par le propriétaire qui leur accorde soit une part entière, soit une fraction de part.

Il est évident que cette tentative est très imparfaite, mais il est bon de la signaler. Le propriétaire du domaine de Grésy n'a pas cru devoir fixer aux parts de bénéfices qu'il a distribué à ses ouvriers une autre destination que l'achat d'un titre de rente française, parce que ses ouvriers étaient déjà presque tous propriétaires de leur maison d'habitation.

Il est nécessaire que dans une telle entreprise, la comptabilité soit parfaitement tenue et ceci ne peut que rendre de grands services aux agriculteurs, chez lesquels l'absence de comptabilité amène parfois des désordres préjudiciables aux intérêts de tous.

J.-T ET J. TAYLOR LTD

MM. *J.-T. et J. Taylor, Ltd*, de Batley, tissage de laine, ont adopté un système de participation au capital. Ils avaient divisé leurs ouvriers en deux classes, au début de l'adoption du système. Ils l'ont pratiqué trois ans avec les chefs employés seulement et onze ans avec tous les ouvriers. Les bénéfices sont remis sous forme d'actions de la compagnie et l'action n'est transférable qu'au bout d'une année. En 1895 le dividende du capital étant de 7 1/2 o/o, ils donnèrent à leurs ouvriers un boni de 5 o/o environ sur leurs salaires, en 1896 un même dividende fut versé sur les salaires et sur le capital. En 1897-1898 ils eurent deux très mauvaises années et rien ne fut laissé, ni pour l'intérêt du capital, ni pour les dividendes sur les salaires. En 1899, les bénéfices montèrent à 9 o/o, et 5 o/o furent payés sur les salaires ; les années 1900 et 1901 furent également bonnes et le même boni fut distribué. En 1902, 12 o/o fut versé au capital et 7 1/2 o/o sur les salaires. En 1903 il en fut de même et en 1904 la maison déclara un dividende de 14 1/2 o/o, et 10 o/o sur les salaires ; de même en 1906 où on ajouta un boni spécial de 5 o/o qui fut distribué à l'occasion du soixantième anniversaire de la fondation de la maison. Tous les employés sont encouragés à placer leur part de bénéfices dans le capital de la maison, afin qu'ils puissent toucher ainsi le dividende du capital aussi bien que le dividende sur les salaires.

En 1906, la maison fixa l'intérêt du capital à 4 1/2 o/o et un dividende de 10 o/o sur le capital et sur les salaires.

En annonçant ce résultat à ses employés, M. Taylor leur dit : « Je désire que vous compreniez bien clairement ce que cela signifie : vous ne toucherez pas de boni en espèces, mais vous obtiendrez sous forme d'actions 10 o/o sur vos salaires et les 900 ouvriers qui ont déjà des actions recevront 14 1/2 o/o. Je vous ai souvent conseillé de conserver vos actions et de ne pas les vendre ; je vous réitère ce conseil. Les temps peuvent devenir plus mauvais ; je ne sais pas ce qui peut arriver, mais vos actions sont une propriété appréciable. J'espère que les ouvriers apprécieront le fait que ces actions leur sont données en dehors et en plus de leurs salaires, et montreront leur satisfaction en conservant leurs actions, et en soutenant ainsi leur propre intérêt. »

John Knight Ltd

La maison *John Knight Ltd*, de Silverstown, fabrique de savon, distribue, depuis 1904, une part des bénéfices à ses employés, après que le capital a reçu un dividende de 6 o/o. Ceux qui laissent leur boni dans l'affaire reçoivent un intérêt de 5 o/o pour leur placement. En 1907 chaque employé a reçu un salaire d'une demi-semaine par chaque 1/2 o/o, au delà des 5 o/o, distribués comme dividende aux actionnaires.

M. Lever, de *Port Sunlight*, grand fabricant de savon, a émis des certificats, distribués gratuitement à son personnel suivant l'ancienneté et qui participent aux bénéfices au prorata des salaires.

La participation au capital dans les compagnies du gaz en Angleterre

Nous devons consacrer un chapitre spécial à la participation dans les compagnies du gaz en Angleterre, parce que grâce aux efforts d'un homme qui s'était fait l'apôtre de la participation avec une confiance absolue, les principales compagnies anglaises ont adopté le système d'association du capital et du travail que le regretté M. *George Livesey* avait si

heureusement inauguré dans la « South métropoli-
tan Cy » de Londres, dont il était le président. Le nom
de M. *George Livesey* devra être inscrit dans l'histoire de l'évolution sociale à côté de celui des Laroche-Joubert, des Godin, des Leclaire, des Walter,
Hazell, des Van Marken et des Japy. Il a consacré
les dernières années d'une existence toute de labeur
à la diffusion de la doctrine du *travail associé*. Nous
verrons tout à l'heure les résultats obtenus grâce à
ses efforts. Pour honorer sa mémoire, l'Université de
Leeds a été dotée d'une chaire de l'industrie du gaz.

En juin 1908, M. George Livesey donna lecture
à la société des ingénieurs du gaz d'un rapport sur
cette question. Il disait, en substance, que rien de
ce qui peut attirer l'attention des hommes d'affaires
ne peut être comparé en importance à la question
des relations, entre le capital et le travail. « Je dirai
à ceux qui hésitent, que s'ils savaient de quel grand
secours est la participation pour tous les agents
responsables, la sécurité et la paix qui en résultent,
la tranquillité d'esprit qu'elle procure aux ingénieurs
et aux directeurs, ils n'hésiteraient pas plus longtemps. Quoique ce soit une très grande satisfaction
de conduire avec succès une importante affaire, cela
ne peut être comparé un instant avec la satisfaction
que l'on peut obtenir des efforts pour améliorer le
statut de nos ouvriers, pour leur donner l'espoir en
l'avenir, pour les aider à s'aider eux-mêmes, pour

fortifier leur caractère et par là en faire des travailleurs plus actifs et satisfaisant mieux leurs employeurs, et établir entre le capital et le travail sur des fondations sûres et satisfaisantes des relations que rien ne peut ébranler. Cette fondation a été trouvée par le *travail associé*. C'est l'accomplissement de la prophétie de Mazzini, en 1858, qui disait : « le travailleur qui fut d'abord un esclave, ensuite un serf, puis aujourd'hui un mercenaire, doit à la fin devenir un associé ».

« L'association est le seul règlement sûr et certain de la question du capital et du travail. Il n'y a rien autre chose. Pourquoi est-ce que je vous parle si hardiment ? J'admets que l'expérience pratique de mes dix-neuf années de participation, quoique ce soit une large part de la vie d'un homme, est une très courte période dans le développement d'un grand principe. On peut me dire que cet exposé hardi est prématuré. Bien des choses, cependant, peuvent être prouvées en dix-neuf ans. (Or l'expérience dans les compagnies du gaz donne déjà un total de cinquante-six ans.) Et quand je dis que du premier jusqu'au dernier il y a eu un effort parfait et constant dans les relations de l'employeur et de l'employé, que l'intérêt de l'employé dans la compagnie devient d'année en année, à mesure que la possession du capital s'accroît, sensiblement meilleure, que durant tout ce temps, il n'y a rien eu qui ressemblât à un recul ou à un échec ; que dans des occasions extrêmement rares quand un individu çà et là estime qu'il a un grief à présenter, il n'a jamais eu de difficulté pour le régler d'une façon satisfaisante, je me sens justifié pour dire que le principe est vrai.

« Il n'est pas dans mon intention de montrer par des exemples ce que rapporte la participation. Ceci fut fait à l'assemblée de la « Southern District Association » quand la preuve fut donnée que, dans des conditions et des méthodes de travail semblables et pour les mêmes salaires, le prix du travail des cornues, par tonne de charbon, était moindre dans les maisons qui pratiquent la participation, l'économie étant appréciable par l'accédant du total du boni payé. Au point de vue pécuniaire, j'estime qu'il est bon que l'employeur bénéficie également, comme l'employé, de la participation. En fait, les bénéfices doivent être mutuels ou bien il n'y a pas participation. Par rapport au travail généralement, ajusteurs, manœuvres, (allumeurs, vérificateurs de compteurs, etc.), il est très difficile de montrer par des exemples que la participation a un avantage économique. Mais c'est tout à fait inutile. Cela va sans dire, et c'est aussi évident que le problème d'Euclide et aussi inattaquable, que des hommes qui ont un intérêt actuel comme actionnaires et reçoivent par ce fait un boni annuel dépendant d'une exploitation heureuse, doivent être des serviteurs plus profitables que ceux qui n'ont aucun rapport avec la compagnie, ni aucun intérêt dans ses affaires. Ceci s'adresse aux hommes du district où toute surveillance est impraticable. Un jour le directeur d'une grande compagnie industrielle me questionnait sur la participation aux bénéfices et sur les maisons où des bénéfices en étaient résultés. Je lui demandais si un ouvrier courageux, de bonne volonté, intéressé, ne valait pas 5 o/o de plus (c'était le boni que nous donnions alors) qu'un ouvrier ordinaire ; « 5 o/o, dites 20 o/o », fut sa réplique.

« La participation aux bénéfices — qui consiste dans le paiement d'un boni annuel comptant — n'est pas un bénéfice permanent pour l'employé, ni pour l'employeur. Ses effets disparaissent vite et la simple participation aux bénéfices, dans la plupart des cas, est tôt ou tard abandonnée. Elle n'encourage par l'épargne, au contraire, et pour avoir du succès elle doit être pratiquée de façon à permettre aux travailleurs de devenir « propriétaires » en tant qu'actionnaires et en conséquence des associés. C'est la possession d'action qui crée et soutient l'intérêt dans l'affaire, qui augmente à mesure que les placements s'accroissent.

Le système des sociétés par actions à responsabilité limitée. — « Le système a été créé pour la participation ; mais jusqu'à ce jour très peu d'usage en a été fait dans ce but. Le système des sociétés par actions a fourni l'occasion de placer les économies et il en est résulté un grand avantage pour une vaste classe de la société ; mais malheureusement la classe ouvrière n'y a pas participé dans une mesure appréciable. Si les travailleurs y avaient participé, leurs principes et leurs espérances, leur façon de penser et de vivre seraient très différents. Ils ne se seraient pas laissés égarer par le socialisme, et les travailleurs ayant leur enjeu dans le pays, nous serions un peuple plus uni. Cette fin très désirable peut être accomplie par les patrons et par eux seulement ; et le seul moyen d'y arriver est l'association par la participation aux bénéfices. Les avantages sont si considérables pour l'employeur et l'employé, et pour la nation, que le succès de l'association du capital et du travail vaut bien tout le souci, les efforts, le temps, la patience et la sympathie qu'elle nécessite. Par ce moyen seulement le principe des sociétés par action, qui est l'association, aura son plein développement pour l'avantage de tous.

« L'association, toutefois, doit être complète, et doit comprendre tous les employés qui en sont dignes. Et d'eux tous, qui est-ce qui peut être plus digne que le chef ? A ma grande surprise et à mon grand regret, dans plusieurs compagnies où l'association a été récemment introduite, le seul homme exclu est l'ingénieur ou le directeur lui-même. Il est vrai que dans ces cas il prouve son désintéressement en s'excluant lui-même. Mais que disent les directeurs pour expliquer cette exclusion ? Dans un cas, j'ai appris que cet acte volontaire et désintéressé de celui qui avait proposé la participation l'avait beaucoup aidé pour la faire adopter. Mais sûrement un tel fait devrait amener les directeurs à le comprendre. Contre une telle exclusion je dois faire entendre la plus vigoureuse protestation. La force de l'association du capital et du travail consiste dans la participation de tous ceux qui en sont dignes, et tous, employés et ouvriers doivent être sur le même pied, avoir le même pourcentage de boni, et seulement ainsi le sentiment de camaraderie du sommet à la base et de la base au sommet sera complet, et tous travailleront ensemble pour le bénéfice commun. Je dis tous ceux qui en sont dignes et ceci m'amène à la question des contrats.

« L'association serait offerte au début à tous ceux qui ont un emploi régulier. Ensuite les employés qui seraient indifférents ou insouciants, ou qui ne prendraient pas intérêt à leur travail, devraient être avertis que, à moins qu'ils ne s'améliorent, leur contrat ne sera pas renouvelé. Le renouvellement dans ces cas serait fait pour une courte période — c'est-à-dire trois mois — et nonpour les douze mois habituels. Si les travailleurs indifférents ont leurs contrats renouvelés comme une chose naturelle, l'effet sur les bons ouvriers sera nuisible et les résultats de l'association seront perdus. Les contrats doivent être sous le contrôle du chef. Les contrats de service sont une sécurité que le Parlement a mise entre les mains des compagnies du gaz ou des eaux pour protéger le public contre les grèves. Mais cette disposition du « Conspiration et and Protection of Property Act » a été bientôt généralement négligée. Le succès de la participation dépend beaucoup d'une exacte et attentive application des contrats. Ceux-ci sont le moyen par lequel la distinction absolument essentielle entre un bon ouvrier et un indifférent peut le mieux être appréciée ; ainsi utilisés ils ont une valeur éducatrice appréciable.

« En résumé, la participation au capital identifie et unit les intérêts des employeurs et des employés, et les pousse à travailler ensemble pour le bien commun comme aucun autre système ne le fit ni ne peut le faire.

« Elle soulage les directeurs et les employés responsables de toute inquiétude dans leurs relations avec les travailleurs sous leurs ordres, rend les grèves impossibles, et permet de régler amicalement et justement toutes les questions entre employeurs et employés, et par là prévient les difficultés et les conflits.

« Elle donne aux employés de tous ordres un sens

de la responsabilité et un intérêt dans leur travail, inconnus sous un autre système.

« En les aidant à devenir détenteurs d'une propriété, elle rend leur situation dans la vie plus sûre, et leur donne l'espoir pour l'avenir, en les rendant capables de se pourvoir en vue de la vieillesse ou des infortunes.

« Le malaise du temps présent est surtout dû à une inégale distribution de la propriété. L'association du capital et du travail provoque une meilleure distribution et convertit les dépossédés en propriétaires, remplaçant le mécontentement par le contentement. La participation au capital est ainsi le meilleur antidote contre le socialisme.

« En donnant aux travailleurs un intérêt dans leur travail et dans la prospérité de l'affaire, et créant par là un sentiment de responsabilité pour son succès, en encourageant l'économie, elle donne des habitudes d'abnégation et d'autorité sur soi-même ; le respect de soi-même en est augmenté et le caractère fortifié. Le résultat c'est qu'elle doit former de meilleurs ouvriers et des serviteurs plus utiles.

« L'accession au capital est pour cela une bonne, saine et profitable affaire.

« Le conflit entre le capital et le travail doit être solutionné ; la participation est la seule et définitive solution.

« Il y a de grandes difficultés dans bien des métiers sur la façon de l'introduire, mais elles ont toutes été facilement résolues dans les compagnies du gaz.

« La participation dans la responsabilité est plus importante que la participation dans les bénéfices.

« En établissant la participation au capital il est nécessaire de gagner la confiance des employés. Pour gagner cette confiance, il faut qu'il soit parfaitement évident qu'elle ne résulte pas d'un mouvement égoïste pour le bénéfice seul de la compagnie, car, si c'est là son seul objet, elle échouera certainement. Il y a deux buts d'égale importance à atteindre : d'abord donner aux employés un intérêt dans la compagnie en plus de leurs salaires ; et secondement, ceci est tout aussi important, les mettre à même d'améliorer leur situation dans la vie d'une façon permanente, et les aider à devenir de meilleurs hommes et par là de meilleurs ouvriers. On doit toujours avoir ces résultats en vue.

« Un système qui crée un lien d'union, ce qu'aucun autre système n'a fait ou ne peut faire, est fondé sur un principe inattaquable » (1).

Ainsi s'exprimait, en 1908, le président d'une des plus importantes compagnies du gaz anglaises. Nous allons voir comment il appliqua dans sa compagnie l'accession au capital. L'industrie du gaz par la nature de sa clientèle est peut-être une industrie

1. *Co-Patnership*, par M. George Livesey, 6, Bloomsbury-Square, Londres.

privilégiée en ce sens que l'incertitude dans les recettes de l'exploitation est moins grande que dans une autre industrie. En outre, la concurrence est limitée et le caractère de service public de cette industrie lui assure des garanties dont ne jouit pas une industrie privée. C'est pour ces raisons qu'il a peut-être été plus facile d'adopter dans les compagnies du gaz la participation des ouvriers au capital. Et puisque l'exemple tend à se généraliser, en Angleterre, souhaitons que les compagnies françaises dirigent leurs efforts dans ce sens.

South Metropolitan Gas Cy

Londres.

La *South metropolitan Cy* est une société au capital de 208.133.500 francs et qui occupe environ 5.200 employés. Dans l'hiver de 1889-1890, elle se trouva engagée dans une lutte à vie et à mort avec la « National Union of Gasworkers and General Labourers ». C'est précisément à cette époque que les organisations de travailleurs sans expérience commençaient à sentir leur force et essayèrent, sans doute d'une façon quelque peu aveugle et désespérée, d'obtenir pour leurs membres quelques-uns des avantages qui avaient été si heureusement obtenus durant la génération précédente par les grandes unions de travailleurs expérimentés. La compagnie, sur l'initiative de M. George Livesey et de son père avant lui, avait pratiqué, pendant une période considérable, divers systèmes au profit de ses employés, et avait aussi étudié quelque système de participation aux bénéfices. Cependant, en 1886, les directeurs décidèrent de poursuivre cette idée, en vue d'identifier plus étroitement les intérêts des ouvriers avec ceux de la compagnie et d'éviter les frottements et les grosses pertes auxquels ils étaient sujet de plus en plus. Ils offrirent alors à leurs employés un système de participation aux bénéfices dans certaines conditions.

« D'après la loi, le montant des bénéfices que cette compagnie peut distribuer à ses actionnaires s'élève à mesure que le prix du gaz qu'elle vend au public diminue. Quand le gaz est à 3 sh. 1 d. par 1.000 pieds cubes, la compagnie peut payer, si elle en a les moyens, un dividende égal à 10 o/o par an sur son capital non converti, ou 4 o/o sur son capital actuel non converti. Pour chaque penny par 1.000 pieds cubes dont le prix du gaz est réduit au-dessous de 3 sh. 1 d., le taux du dividende qui peut être payé s'élève à 2 sh. 8 d. o/o sur son capital converti. Ainsi à 3 shillings par 1.000 pieds cubes, 4 livres 2 sh. 8 d. o/o peuvent être payés ; à 2 sh. 6 d. par 1.000 pieds, 4 livres 18 sh. 8 d. o/o, et ainsi de suite.

« Ainsi les intérêts du public et des actionnaires se

rencontrent l'un et l'autre pour faire baisser le prix
de vente du gaz. La compagnie offrit alors à ses
employés de toutes classes, un arrangement semblable établissant que pour chaque décime dont
diminuerait le prix du gaz au-dessous de 3 sh. 1 d.
par 1.000 pieds cubes, un boni de 15 sh. o/o serait
payé aux ouvriers sur leurs salaires.

« Cependant cet arrangement comportait, parmi
les autres, cette condition que chaque personne
acceptant la participation aux bénéfices signerait
un contrat d'un an avec la Compagnie. Ces contrats
devaient être datés à des époques différentes de
telle sorte qu'une grève devînt pratiquement impossible, attendu que les travailleurs ne pourraient
se mettre en grève tous à fois par une conspiration
illégale, pour violer leurs contrats. La Trade union
fit une violente opposition à ces contrats, disant
en même temps qu'elle ne s'opposait pas à un système de participation aux bénéfices équitable. Le
résultat fut une grande grève, dont la fin fut une
véritable victoire pour la Compagnie. Les places
des grévistes furent comblées par de nouveaux ouvriers, et les meilleures conditions qu'ils purent
obtenir à la fin furent qu'ils seraient repris à mesure que des vacances se produiraient. Je dois dire
que la *Labour Co-Partnership Association* offrit
ses services amicaux pendant ce lamentable conflit.

Cependant, la grève finie, on pouvait espérer que les choses s'arrangeraient.

« Malheureusement, le leader ouvrier, dans un discours déclara que la prochaine fois les ouvriers n'avertiraient pas, et mettraient bas leurs instruments de travail à la minute.

« La Compagnie répliqua en déclarant qu'aucun membre de la trade union intéressée ne serait plus employé par elle, quoique George Livesey ait déclaré à la « Commission du Travail » qu'il n'avait pas strictement adhéré à la note de la Compagnie. Cependant tout ouvrier, acceptant le système de la participation aux bénéfices, était requis, jusqu'en 1902, de déclarer qu'il n'était pas membre de cette trade union.

« Ainsi, et pour d'autres causes, la querelle entre la compagnie et la trade union fut continuée. En 1902, sur la suggestion de la *Labour Co-Partnership Association*, la compagnie supprima cette restriction...

« Pendant quelques années il y eut simplement participation aux bénéfices. Les ouvriers étaient encouragés à laisser leurs bénéfices en dépôt à la Compagnie à 4 o/o.

« Environ la moitié des bénéfices étaient déposés, mais par moins de la moitié des ouvriers. En 1894 la Compagnie était si satisfaite du résultat qu'elle fit un pas en avant et offrit d'augmenter le taux des bénéfices de moitié à ceux de ses ouvriers qui décide-

raient de laisser la moitié de leur profit pour l'achat
d'actions de la Compagnie. Pour mettre cette idée
en pratique, les administrateurs furent désignés
pour acheter les actions représentées par le total
des petites sommes appartenant aux employés. Chaque homme devint un actionnaire indépendant
quand son dépôt dans la compagnie atteignit une
valeur nominale de 125 francs du capital (c'est-à-
dire de l'ancien capital non converti, équivalent à
300 francs du capital nominal actuel) qui valait à
cette époque 325 francs et rapportait à ce prix environ 5 o/o. Cette décision eut un grand succès, et
dans les années 1896-1897 la Compagnie franchit
un nouvel échelon ; elle demanda et obtint du Parlement de pouvoir adjoindre à son conseil d'administration des représentants directs de ses employés.

« Les ouvriers qui sont actionnaires élisent aujourd'hui deux administrateurs et les employés
qui sont actionnaires en nomment un, tandis que
les actionnaires ordinaires en élisent six. Naturellement ceci donne aux employés une représentation qui excède de beaucoup la proportion de leurs
actions. On avait senti que si le fait de posséder
une action est une condition essentielle pour avoir
voix dans les affaires de la Compagnie, ce n'était
pas les intérêts seuls des employés qui devaient
être représentés à la direction. En plus du contrat

de participation, et en partie comme conséquence, d'autres arrangements furent pris, concernant un bureau de conciliation, les enquêtes sur les accidents qui pourraient arriver, des organisations de prévoyance et ainsi de suite, dans lesquelles les représentants de la compagnie et des employés agissent ensemble pour leur mutuel avantage. Sir George Livesey déclarait souvent que la grosse somme de 10.675.000 francs qui avait été distribuée pendant une période de dix-huit ans sous forme de bénéfices aux employés, n'avait pas diminué d'un penny les bénéfices des actionnaires, puisque les ouvriers l'ont plus que gagné, par un travail meilleur et plus économique. Il avait été entendu que l'ouvrier actionnaire restait passible de renvoi, et de toute façon soumis aux agents de la Compagnie comme il l'était sous le système du salaire pur et simple » (1).

En l'année 1907-1908, le résultat était le suivant :

Les employés avaient reçu comme part des bénéfices...................................... 10.681.875 fr.

Ils avaient placé en capital, action et en dépôts dans les caisses de la compagnie.. 9.084.175 »

La somme distribuée pour l'année finissant en juin 1908 était............. 910.650 »

1. *A Better Way*. Some facts and suggestions as to introducing the Partnership of Labour with capital into Established Businesses, par M. *Aneurin Williams*, 6, Bloomsbury square, Londres.

Mais les efforts de M. George Livesey ne se bornèrent pas à l'application de ce système dans sa compagnie. Il fit une active propagande en faveur de ses idées et en 1894 la *South Suburban Company* de Londres imitait l'exemple de la South metropolitan (1). Cependant jusqu'en 1907 cinq compagnies seulement avaient adopté la participation. Les compagnies paraissaient vouloir s'assurer si le principe était praticable et s'il réussissait en fonctionnant. Enfin, en novembre 1907, à la suite d'une réunion de *l'Association du gaz*, de nouvelles compagnies décidèrent l'adoption du système et d'autres le mirent à l'étude. En 1908, avant sa mort, M. George Livesey eut la satisfaction de constater que l'association du capital et du travail tendait à se généraliser en Angleterre dans les compagnies du gaz.

Les employés du gaz. — Le tableau suivant indique le nombre des employés du gaz associés dans leurs entreprises avec les agents et les membres de la direction, au mois de juin 1909. Les chiffres pour la Gaslight and Coke Company sont remarquables :

1. En juin 1909, la *South Metropolitan Company* faisait parvenir l'avis suivant : « Les directeurs ont le plaisir de vous annoncer que le prix du gaz sera réduit à partir du prochain contrôle ; c'est-à-dire vers le milieu de l'été ». Ainsi la participation est avantageuse à la fois pour le personnel de la compagnie et sa clientèle.

Compagnies du Gaz de Londres

	Nombre des ouvriers participants
Gaslight et Coke company	8.439
South metropolitan	5.146
Commercial	1.221

Compagnies suburbaines

Croydon.......................	478
South Suburban................	582
Tottenham	601

Compagnies provinciales

Bournemouth...................	390
Chester.......................	70
Gloucester....................	113
Leamington....................	116
Newport (Mon.)................	180
Rugby.........................	37
Tunbridge Wells...............	130
Walker et Wallsend............	99
Wrexham	61

Corporation

Stafford......................	103
(Electricity Departement, 12.)	
Total.........................	17.767 employés

Sur ce tableau généralement, sont comptés les agents et membres de la direction. Dans la Compagnie de Gloucester, cependant, les agents de recette d'un traitement supérieur à 5.000 francs en sont exclus. En tenant compte des plus récentes adoptions du système, dans le plus grand nombre des compagnies la totalité des employés a déjà signé ; mais on cite un ou deux exemples où l'enrôlement des hommes n'a pas été tout à fait complet. On s'attend cependant à ce que l'année présente verra tous les employés de ces compagnies devenir des « participants » (co-partners).

Il est intéressant de noter combien sont proches les nombres des participants de la *South Suburban* et de la *Tottenham Company*. Cette dernière est une des nouvelles adhérentes au système et l'enthousiasme de ses employés est remarquable. Pour cette compagnie, le tableau suivant qui indique la situation au 31 décembre 1908 peut être intéressant (1).

Nombre des participants : agents, directeurs et ouvriers.   605

Participants ayant plus de 125 francs de capital de la Compagnie.   400

Total du capital transféré aux 400 participants. . . . .   73.125 francs.

Crédit des participants en caisse après l'achat et le transfert des 73.125 francs de capital. . . . .   65.000 francs.

1. *Co-Partnership*, 6, Bloomsbury square, Londres.

Tunbridge Wells Gas Company.

A l'assemblée-générale annuelle de la *Tunbridge Wells gas Company*, en mars 1909, les directeurs, dans leur rapport, déclarèrent que l'expérience de la participation au capital, qui remonte en juillet 1908, était satisfaisante. Les travailleurs y sont venus avec grand intérêt et ils l'ont évidemment appréciée. Le montant des dépôts effectués par eux à 3 o/o est considérable. Le boni se montait à environ 5.350 francs pour la moitié de l'année, et comme les salaires s'élèveront à près de 3oo.ooo francs pour l'année, le boni pour l'année entière atteindra un chiffre intéressant. Ils espéraient que grâce aux efforts des ouvriers et à la coopération de la Compagnie, ils pourraient livrer bientôt le gaz à un prix plus bas et qu'ils diminueraient avant longtemps son prix d'un penny par mille pieds cubes. Ceci augmenterait le boni des ouvriers de 1 o/o, donnerait en même temps aux actionnaires un bénéfice de 1/4 o/o et en même temps un bénéfice au consommateur. Tous trois sont maintenant associés dans la compagnie.

Southend Gas Company

A l'assemblée générale de la *Southend gas Company*, en mars 1909, l'un des administrateurs,

M. Burrow, dit qu'il y a un an ou deux il avait formé une petite société pour aider ses employés et les encourager à placer leurs économies dans le capital de la compagnie. Cette société eut un franc succès et un certain nombre d'employés sont aujourd'hui complètement actionnaires. Pour augmenter le succès de cette expérience, il espère persuader au conseil d'administration d'opérer un prélèvement sur les bénéfices de la compagnie pour aider ceux qui avaient tenté de placer leurs économies dans le capital de la compagnie.

Gas Light and Coke Company

Dans une réunion tenue le 14 janvier 1909, le directeur de la *Gas Light and Coke Company* exposa un projet par lequel les ouvriers de la compagnie seraient admis comme associés. En expliquant le progrès, M. Woodall indiqua que la compagnie et les consommateurs étaient virtuellement des associés, car, par obligation statutaire, quand les prix s'élèvent le dividende baisse suivant une échelle coulante. Il a été décidé d'inviter les ouvriers à se joindre à la compagnie comme associés. Les bonis seraient placés à leur crédit calculés suivant un pourcentage sur leurs salaires, d'après l'échelle suivante :

Prix du gaz		Boni
sh. d.	. . . .	sh. d.
3 3.	. . . .	néant
3 2.	. . . .	1/2 o/o
3 1.	. . . .	1 o/o
3 0.	. . . .	1 1/2 o/o
2 11.	. . . .	2 o/o
2 10.	. . . .	2 1/2 o/o
2 9.	. . . .	3 o/o

Il fut en outre proposé que, si jamais le prix du
gaz descendait au-dessous de 2 sh. 9 d., le boni
serait accru pour un pourcentage plus élevé, savoir
3/4 o/o par un penny de réduction.

Prix du gaz		Boni
2 sh. 8 d.	. . . .	3 3/4 o/o
2 7	. . . .	4 1/2 o/o
2 6	. . . .	5 1/4 o/o

Le contrat partait du 3o juin 1909. Il doit être
considéré comme rétrospectif pour deux ans. Les
sommes ainsi dues aux employés seront placées dans
le capital de la compagnie et aucune fraction de ce
d   ne pourra être retirée par l'employé tant
qu'il n'aura pas atteint 125 francs. Après que le
total aura été atteint, une moitié des bonis suivant
pourra être retirée ou laissée entre les mains de la
compagnie à la discrétion de l'employé ; le reste

doit être placé dans le capital de la société. Le système doit être appliqué à tous les employés réguliers de la compagnie et aussi à ceux des équipes d'hiver après qu'il aura été bien entendu que les ouvriers contractent un engagement avec la compagnie et continueront à bien travailler et fidèlement pour elle, avec cette exception que le projet ne serait pas rétrospectif pour les équipes d'hiver.

Les raisons pour lesquelles la compagnie prenait ces dispositions étaient de deux sortes : d'une part, principalement, pour permettre aux employés d'économiser leur argent et améliorer leur situation dans l'avenir ; et d'autre part pour offrir un mobile supérieur pour un travail efficace.

Le règlement a prévu l'établissement d'un comité de direction, composé du directeur de la compagnie, président, de 18 membres nommés par les administrateurs, et de 18 représentants élus au scrutin par les ouvriers associés, ces derniers doivent avoir au moins cinq ans de service dans la compagnie.

Au mois d'août 1909, les comptes de la *Gas Light and Coke Company* pour le semestre de l'année écoulée indiquent que, après avoir couvert les frais généraux, et mis 250.000 francs au fonds d'amortissement et versé une contribution spéciale de 676.925 francs au fond de participation, il est resté un solde de 8 millions 496.400 francs. Le report étant de 10 millions 075.583 francs, la somme totale à distribuer était de 19.079.475 francs, sur laquelle les administrateurs prélevèrent un dividende pour le capital ordinaire de 117 o/o par an, qui absorbera 8.832.550 francs. Le restant a été porté au crédit du semestre courant. La participation au capital fonctionne aujourd'hui complètement et plus de 8.000 employés et ouvriers ont été admis comme associés.

Grantham Gas Company

Un système de participation a été adopté par les administrateurs de la *Grantham Gas Company*.

Il est basé sur les salaires reçus et sur le prix courant du gaz. Quand le gaz est à 2 sh. 11 d. le boni est de 5 o/o et des facilités seront données aux ouvriers pour placer leurs parts de bénéfices dans la compagnie. Le système a débuté au 31 mars 1909. Il fonctionne sous la direction d'un comité de huit membres, dont quatre sont élus par les employés.

Commercial Gas Company

Le règlement de comptes de la participation de la *Commercial Gas Company*, au 30 juin 1909, a montré qu'un fonds d'une valeur de 465.650 francs avait été obtenu par la participation ; qu'il y a eu 275.750 francs au crédit du compte de retraite et

202.400 francs au crédit du compte de dépôts. Les statistiques montrent que pour les derniers douze mois 294 employés seulement retirèrent leur boni ou leurs épargnes, que 1.221 firent des versements au compte de retraite, et que 1.181 ajoutèrent la moitié de leur boni, se montant à 69.300 francs, à leur compte de dépôt.

Le tableau suivant montre l'augmentation du capital possédé dans quelques compagnies par les ouvriers :

South Metropolitan gas Company

1903.	4.875.000
1904.	5.625.000
1905.	6.600.000
1906.	7.725.000
1907.	8.184.175

South Suburban gas Company

1903.	450.000
1904.	500.000
1905.	603.275
1906.	675.000
1907.	704.200

Commercial gas Company

1903.	208.325
1904.	277.500
1905.	641.000
1906.	751.075
1907.	868.450

Renseignements sur la participation aux bénéfices et au capital dans les Compagnies du gaz (Angleterre) (2)

Résultats en 1909

Nom de la compagnie	1re année d'application du système	Capital de la société (actions et obligations)	Nombre des employés participant	Somme partagée entre les employés (année finissant juin 1909)	Pourcentage sur les salaires	Total des bénéfices distribués depuis le début	Montant des actions et dépôts des employés dans la Cie	Employés participant au conseil d'administration
South metropolitan......	1889	208.133.500	5.146	938.650	7 1/2 o/o	11.608.675	9.375.000	3
Commercial............	1901	63.207.000	1.221	135.425	5 o/o	1.002.225	1.098.000	
South Suburban	1894	20.784.075	582	75.850	6 o/o	836.310	855.925	2
Newport..............	1900	7.959.500	180	9.600	3.41 o/o	79.500	90.175	
Chester...............	1901	4.535.350	70	7.425	5 o/o	47.900	40.250	
Leamington............		1.894.975	116	10.325	5 o/o	15.625	16.750	
Rugby		1.483.200						
Walker et Wallsend.....		5.419.000	99	9.000	4 o/o	9.000	10.575	
Wrexham.............		3.377.750	61	6.400	6 o/o	6.400		
Tunbridge Wells........	1908	4.350.400	130	10.625	4 o/o	10.625	13.750	
Tottenham............		16.648.050	601	57.500	4 7/8 o/o	156.800	306.750 (1)	
Croydon..............		15.607.100	478	31.125	3 o/o	31.125		
Gloucester		5.702.575	113	9.025	5 o/o	9.025		
Bournemouth..........		18.119.100	390	40.225		40.225	40.225	
Wellingborough........		2.261.325	59	6.050	5 o/o	6.050	6.050	
Cardiff		12.650.000	185	16.375	4 o/o	16.375		
Gas Light et Coke (London)	1909	688.347.075	8.439	967.075	5 o/o	967.075		
Watford..............		4.138.300	106					
Ilford	étudient							
Southend	l'adoption							

1. Dont 197.850 francs d'actions et 108.900 francs de dépôts.
2. Renseignements publiés par *Co-Partnership*, 6, Bloomsbury square, Londres.

The N. O. Nelson manufacturing Company

Saint-Louis (Missouri)

Cette manufacture de courroies en cuir et en caoutchouc, de pompes à vapeur, machines et chaudières emploie environ 250 ouvriers. M. Nelson annonça en mars 1886, par une circulaire, que la maison partagerait les bénéfices avec son personnel pour une année à partir du 1ᵉʳ janvier sur les bases suivantes : le capital recevrait 7 o/o d'intérêt et le restant des profits serait partagé entre le capital et les salariés. Six mois de services donneraient droit à une part. Une personne choisie par les ouvriers était autorisée à examiner la clôture des livres à la fin de l'année. Le 22 janvier 1886, M. Nelson transmettait à son personnel une somme de 24.140 francs représentant leur dividende, certifié par M. Wells, leur délégué. Le nombre des participants était environ de 150 hommes. Chacun d'eux reçut 5 o/o sur les salaires de l'année, en nature ou sous la forme d'un certificat productif d'intérêts. Plus des deux tiers des participants préférèrent laisser leur dividende dans l'affaire. Les parts individuelles des salariés variaient de 135 à 230 francs.

Le règlement de la première année était purement préliminaire. Il en fut élaboré un nouveau pour la seconde année avec quelques additions. Un dixième des bénéfices restant, après les retenues pour les intérêts et la direction, irait à un fonds de prévoyance en cas de maladie ou de décès ; un autre dixième serait mis en réserve pour payer des dividendes dans les années défavorables ; un cinquantième serait versé à un fonds de bibliothèque ; les employés qui avaient pris des certificats pour leur dividende de 1886 recevrait un boni d'un quart plus élevé que le dividende régulier sur les salaires ; le terme de service requis serait porté à dix mois.

M. Nelson raconte ainsi les résultats de la seconde année de participation, après la modification du règlement. « Après avoir fait les retenues pour l'amortissement et les réparations, pour l'intérêt du capital, etc... il restait un peu plus de 150.000 francs à partager. Sur cette somme 15.000 francs furent versés à un fonds de secours, et maintenant nous prenons soin régulièrement des familles de ceux qui sont morts ou impotents. Ceci est fait sous la surveillance d'un comité d'employés. 15.000 francs furent aussi versés à un fonds de réserve.

« Ce fonds sera augmenté dans les bonnes années et pourra servir à couvrir des pertes ou à payer des dividendes dans les années pauvres, 3.000 francs ont été versés à un fonds de bibliothèque. Nous avons maintenant une bibliothèque circulante de 400 volumes dont la lecture augmente continuellement, spécialement parmi les garçons et les jeunes hommes. Après toutes ces retenues, il restait un dividende de 10 o/o pour ceux qui avaient touché un dividende en 1880 et l'avaient laissé dans l'affaire et avaient continué à travailler chez nous en 1887. Tous les autres reçurent 8 o/o. Ceux qui possédaient des certificats de dividende pour 1880 recevaient 15 o/o de dividende sur ce certificat, représentant 7 o/o d'intérêt et 8 o/o de dividende. Il leur était donné le privilège de laisser leurs dividendes dans l'affaire : ce que firent environ 80 o/o d'entre eux. » Les parts individuelles des employés sur leurs salaires variaient de 300 à 625 francs. Celui qui gagnait 75 francs par semaine en 1886, et prenait un certificat pour son dividende, gagnait par ce moyen 107 fr. 25 en 1887 et était de 302 fr. 25 plus riche que s'il avait retiré ou dépensé son argent. Si les bénéfices pour l'année 1888 étaient aussi bons, le revenu d'un ouvrier, sans compter son salaire serait de 482 fr. 10, égal aux intérêts d'un placement de 17.500 francs en fonds d'Etat.

« Le résultat de la seconde année d'expérience, disait M. Nelson, est que je suis plus que jamais convaincu que nous avons trouvé la vraie solution du problème du travail. Notre conviction est que le soin et l'effort nouveaux, apportés par l'ouvrier, dédommagent du dividende payé. Je considère ce système comme une affaire et un devoir et non comme de la philanthropie ou une faveur, et nos employés pensent de même. Si on veut admettre, comme je le fais, que le travailleur a droit à une juste part dans le produit de son travail, en dehors du salaire qu'il touche, je ne vois pas comment quelqu'un pourrait critiquer ce système. J'estime que chaque ouvrier de notre maison a le droit de participer dans les gains assurés par un travail honnête et consciencieux. Les trade unions ont empêché les gens de métiers d'être écrasés par des salaires de famine. La véritable union, dans ma pensée, est celle qui nous réunit, nous et nos employés. Notre personnel ne pourrait pas être entraîné à la grève pour des raisons arrêtées en dehors de lui. »

En 1905, la manufacture Nelson et Cie admit les clients à la répartition des bénéfices. Le profit n'est pas payé en espèces, mais les employés et clients ont dans la maison un capital qui leur est réparti. Les employés, qui sont dans la maison depuis 1886, ont touché en dividende environ sept années de leur salaire.

Le tableau suivant indique les résultats de la maison depuis 1905.

Vente	10.000.705	11.769.945	15.581.935
Profits	784.270	1.152.800	1.787.595
Dividendes sur les salaires des employés. . .	15 o/o	25 o/o	30 o/o

Les progrès réalisés en trois ans par cette maison dans son chiffre d'affaires est le meilleur argument en faveur du système qu'elle a adopté.

The Haines, Jones and Cadbury Cy

Philadelphie

Cette maison qui fait le même genre d'affaires que la Nelson et Cⁱᵉ, introduisit chez elle en 1887 un système de participation modelé sur le précédent. Les employés qui désirent laisser leur part dans l'affaire, reçoivent un intérêt de 4 o/o.

Procter and Gamble

La maison **Procter and Gamble** d'*Ivorydale*, près de Cincinnati (Ohio) au capital de 20 millions, a établi chez elle la participation aux bénéfices. Environ 92 o/o du personnel participe aux bénéfices. L'employé est en outre encouragé à devenir propriétaire d'actions. S'il fait une demande écrite, contenant 50 francs, la compagnie achètera pour lui une part du capital commun ou préféré au prix du marché ; il doit en compléter le paiement en deux ans par acomptes de 25 francs ou par fractions. La compagnie alloue un intérêt de 4 o/o au solde impayé, prenant cet intérêt sur le dividende du capital. Des arrangements équitables peuvent être pris dans le cas où l'annulation d'un tel engagement serait désiré. La première année 80 ouvriers souscrivirent 191 actions.

The Springfield Foundry Cy

Cette maison emploie environ 50 hommes. La participation fut organisée en février 1887. Les ouvriers étaient libres de laisser leur argent dans la compagnie à 5 o/o et environ un tiers du Boni fut ainsi déposé.

En Hollande

Imprimerie Van Marken

C'est dans l'imprimerie fondée en 1892 que M. Van Marken a pu appliquer intégralement ses idées de participation au capital.

L'acte de fondation débute par la déclaration suivante des fondateurs (1) :

« Qu'ils considèrent le travail, dans la société anonyme imprimerie Van Marken, comme co-entrepreneur, qui a droit de codiscuter et de codécider des

1. Pour former la société anonyme quelques futurs directeurs et ouvriers avaient souscrit une action de 5 florins.

intérêts de la société suivant les statuts du présent acte ;

Que l'influence du capital — c'est-à-dire les fonds versés par les actionnaires — sur les résultats de l'entreprise est limitée par son montant, tandis que l'influence du travail intellectuel et physique est illimité à cause de la force de la volonté et du dévouement de l'homme ;

Que, par conséquent, les actionnaires ne peuvent faire valoir des prétentions équitables, que sur une part limitée des bénéfices — une part plus grande, à mesure que les bénéfices sont plus incertains et les risques plus grands — en opposition aux prétentions équitablement illimitées du travail ;

Qu'il est désirable de transmettre successivement au travail la copropriété, et enfin la propriété intégrale des moyens de production, c'est-à-dire des actions de la société, lequel but les comparants se proposent d'atteindre, au moyen de l'épargne des bénéfices alloués au travail, contre remboursement aux actionnaires des versements effectués.

D'après ces principes, l'article 1 des statuts stipule :

Que la société est une association du capital et du travail, qui s'occupe de l'exécution de tous travaux se rattachant à l'industrie de l'imprimerie, dans le but :

1° De payer en premier lieu à tous les associés

travailleurs un salaire, fixé pour l'ouvrier adulte à un minimum tel que, d'après le jugement des associés, il paraîtra nécessaire pour suffire aux besoins modestes mais raisonnables, selon les circonstances locales et temporaires, d'une famille ouvrière normale.

De réserver en outre aux travailleurs-associés tous les bénéfices de la société, après que les services du capital seront rémunérés comme suit ;

2° D'assurer au capital de la société un intérêt modeste et en même temps une rémunération équitable, tant pour les risques auxquels le capital des fondateurs est exposé par le fait de la fondation d'une nouvelle entreprise, que pour les risques auxquels le capital reste exposé par la nature de l'entreprise ;

3° De transmettre successivement la propriété du capital de la société à tous ceux qui participeront régulièrement au travail, au moyen de l'épargne des bénéfices alloués aux travailleurs associés.

Sont considérés comme travailleurs associés, autant les directeurs que les ouvriers et employés, nommés comme tels par l'assemblée générale des associés, eu bien par le seul fait qu'ils ont participé régulièrement pendant un an au travail.

Les travailleurs associés, comme les actionnaires, ont le droit d'assister aux assemblées générales, de prendre part aux délibérations et de voter. Au début l'ouvrier a une voix ; chaque fois après un prolongement de service de deux ans, ouvriers et directeurs ont une voix supplémentaire, jusqu'à concurrence de six voix. Les actions ont une voix par cinq actions avec le même maximum de six voix.

La répartition des bénéfices est réglée comme suit: après les prélèvements nécessaires à l'amortissement des bâtiments et du matériel, 6 o/o du capital versé est payé aux actionnaires comme intérêt et comme *prime de risque*. Si les bénéfices sont insuffisants, pendant une ou plusieurs années, pour payer intégralement ce dividende, les autres participants n'auront pendant les années suivantes aucun droit aux bénéfices, jusqu'à ce que tous les arriérés du capital, à raison de 6 o/o l'an, aient été payés aux actionnaires.

On pourra discuter sur ce chiffre de 6 o/o. On peut l'élever à 7, 8, 10 o/o et au delà, selon la nature de l'entreprise et l'appréciation de ses risques, sans nuire au principe : la *limitation* des droits du capital.

Le reste des bénéfices est réparti ainsi :

25 o/o aux directeurs pour leur gestion ;

50 o/o aux associés travailleurs (directeurs, employés, ouvriers) au prorata de leurs salaires;

3 o/o aux commissaires pour leur contrôle ;

12 o/o aux fondateurs pour les services rendus.

La moitié de cette part de 12 o/o est destinée à

ceux qui ont contribué à la fondation par leur intelligence ; l'autre moitié aux actionnaires primitifs, qui ont exposé leur capital au risque aigu de la fondation d'une nouvelle entreprise. Les droits à cette part des bénéfices sont personnels ; après la mort d'un ayant droit, sa part revient aux associés travailleurs.

Les derniers 10 o/o sont à la disposition de l'Assemblée générale, et seront utilisés au profit d'intérêts ouvriers en général, ou des intérêts des ouvriers associés en particulier.

La part des bénéfices, réservée aux actionnaires, aux fondateurs et les derniers 10 o/o à la disposition de l'Assemblée générale, sont payés en argent comptant. Mais la part, revenant aux associés travailleurs, à chacun des directeurs et ouvriers, est déposée à la *Caisse d'épargne des bénéfices*, et chaque fois que ce dépôt d'un ayant droit a atteint le montant de 100 florins, le propriétaire du numéro d'action tiré au sort, est remboursé de cette somme de 100 florins, contre remise à l'ayant droit de cette action.

Admettant qu'il y ait chaque année en moyenne une somme égale à 5 o/o du capital à répartir entre les travailleurs associés, le capital sera après vingt ans remboursé intégralement aux actionnaires primitifs, qui auront joui régulièrement d'un dividende de 6 o/o aussi longtemps que leur capital aura été exposé aux risques de la société, qui auront cédé l'un après l'autre le rôle d'actionnaires aux directeurs, employés et ouvriers associés.

Qu'est devenue sous ce régime l'imprimerie Van Marken ? En 1900, c'est-à-dire huit ans après sa fondation, elle est devenue l'imprimerie la plus importante de Delft. Son chiffre d'affaire de 18.300 florins en 1892 a augmenté d'années en années jusqu'à 44.700 florins en 1899. Le nombre des sociétaires travailleurs de 7 à 13, les apprentis à 8. Leur salaire minimum est de 12 florins, tandis que le salaire des typographes à Delft est de 9 florins.

Dans les huit années, les bénéfices nets ont atteint le chiffre de 53.000 florins, déduction faite des amortissements sur le bâtiment et le matériel s'élevant à 25.000 florins. Sur ces bénéfices, 10.300 florins sont revenus à la direction, dont 6.900 florins sont mis à l'épargne et convertis en actions et le reste, 3.400 florins, payé en argent comptant.

La part du travail a été de 20.900 florins, dont 12.300, mis à l'épargne et convertis en actions et le reste, 8.600 florins, payé en argent comptant.

La part du commissaire a été de 1.230 florins mis à sa demande entièrement à l'épargne et convertis en actions.

Bref, après huit ans, 195 sur les 250 actions à 100 florins qui constituaient le capital social ont été remboursées au pair au fondateur capitaliste, pas-

sées entre les mains du travail sous ses formes différentes (direction, main d'œuvre, contrôle).

Le fait que 46 actions ont été vendues, soit à des
actionnaires travailleurs, soit à des tiers, ne diminue en rien l'importance de cette transmission du
capital. Sur ces 46, 10 appartenaient à des sociétaires encore en service, 13 à des sociétaires qui se
sont établis ailleurs, et 23 à des sociétaires congédiés.

L'influence morale est énorme ; le dévouement
général est complet.

Un fait frappant est à signaler : dans l'assemblée
générale de l'année 1898, les sociétaires ouvriers
firent la proposition, signée par tous, de doubler
les appointements de la direction ; elle fut votée à
l'unanimité.

Pour terminer, je dois attirer l'attention sur un
point extrêmement important de cette organisation.
Trois actionnaires sont partis pour des raisons quelconques, deux sont morts, 46 actions sont aujour-
d'hui entre les mains de tiers étrangers à l'imprimerie.

Evidemment, nous n'en resterons pas là : d'autres
partiront, mourront ; dans vingt, trente, quarante
ans tous les travailleurs, directeurs ou ouvriers
actuels, propriétaires des actions, auront disparu
de l'imprimerie, emmenant leurs actions, les laissant en héritage à leurs enfants, les vendant. Ce

serait de nouveau le capital et le travail séparés l'un de l'autre, peut-être l'un contre l'autre. Qu'aurait-on gagné en définitive par le système ?

Rien, certes, si l'on s'arrêtait à la simple transmission des actions. Mais aussitôt la dernière action passée des mains des actionnaires primitifs aux mains du travail, on ira recommencer l'œuvre dé la transmission dans le même ordre des numéros d'actions qu'à la première transmission. Et après cette deuxième transmission viendra le troisième tour, et ainsi de suite. De sorte que toujours les derniers bénéfices seront employés à exproprier, au profit des ouvriers en activité, les actionnaires dont le capital aura le plus grand nombre d'années de service, dont les actions portent la date la plus ancienne de la dernière transmission (1).

LA PARTICIPATION
DANS LES COMPAGNIES D'ASSURANCES

CONSTITUTION D'UN CAPITAL

Le développement rapide des opérations des compagnies d'assurances dans ces trente dernières années et le succès de ces entreprises ont facilité

1. Extrait d'une brochure publiée par M. Van Marken.

l'adoption, par ces sociétés, de la participation aux bénéfices à l'effet de constituer à leurs employés un capital et un patrimoine.

LA COMPAGNIE D'ASSURANCES L' « UNION »
9, PLACE VENDÔME, PARIS

La compagnie l'*Union-Vie* prélève 10 o/o par an sur les bénéfices pour la participation des employés et de la direction et qui sont répartis comme suit :

Un pour cent est versé à la caisse des retraites de la compagnie sur les 9 o/o restant, la moitié est attribuée à la direction, et l'autre moitié, distribuée au personnel au prorata des appointements, sert à lui constituer des livrets d'épargne dont le montant est exigible par l'employé à son départ. Il n'y a pas de déchéance en cas de départ, mais la direction se réserve pour certains cas exceptionnels de remployer le capital en rente viagère au profit de l'employé et réversible éventuellement pour la moitié sur la tête de sa veuve.

L'intérêt alloué à ces dépôts jusqu'au retrait par l'employé est de 4 o/o.

Pour l'année 1908, la somme disponible pour le personnel seul a été de 31.118 francs.

En y joignant les assurances, dont la compagnie paie à ses employés la moitié des primes, le capital dont peut disposer à soixante ans l'employé le moins payé de la compagnie peut atteindre 20.000 francs, dont 12.000 francs sont fournis par la participation.

Pour avoir droit à la participation, il faut avoir six mois de service dans la compagnie. L'employé qui sort de la compagnie, par suite de démission ou de révocation, perd tout droit à la participation de l'année courante. L'employé démissionnaire ne peut obtenir le paiement des sommes qui lui sont dues qu'après un délai d'une année à partir du jour où sa démission a été acceptée.

L'Union-Incendie

Cette compagnie pratique le même système que la précédente. En outre un supplément de 2 o/o sur les bénéfices sont répartis tous les ans au personnel sous forme de gratifications.

Pour l'année 1908, *l'Union-Incendie* a distribué comme gratification 2 o/o............ 76.000
Et versé au fond de prévoyance pour le personnel................................... 171.000
Soit au total........................... 247.000

LA COMPAGNIE D'ASSURANCES « LA FONCIÈRE »
RUE LOUIS-LE-GRAND, PARIS

En 1889, cette compagnie a fondé une caisse de prévoyance, alimentée par un prélèvement sur les bénéfices. A l'encontre des compagnies précédentes la part dans les bénéfices attribuée à cette caisse n'est pas déterminée d'avance ; le conseil en fixe chaque année l'importance ; l'intérêt bonifié aux comptes individuels est de 3 1/2 o/o.

Tout employé participant reçoit un livret sur lequel est inscrite, tous les ans, la somme qui lui revient. Il a droit à la liquidation de son carnet après vingt-cinq ans de service dans la maison ou à sa soixantième année.

Le pourcentage distribué, en 1908, au taux de 4 o/o, sur les bénéfices, a été de 44.000 francs.

Cette caisse permet aux petits employés de se retirer avec un capital variant entre 7.000 et 10.000 francs. Mais dans l'avenir ce capital sera plus élevé, car pendant les premières années de l'application de ce système, la répartition des bénéfices avait été très faible. Il faut estimer que pour ceux qui ont débuté dans la participation, dans ces dernières années, le montant de leur carnet augmentera d'un tiers environ au bout de cinq à vingt ans de service (1).

1. La Caisse de Prévoyance a été instituée sur la proposition du Conseil d'administration de la compagnie « La Foncière » par une décision de l'assemblée générale des actionnaires du 14 mai 1888.

Dotations. — Les Versements faits annuellement à cette caisse par la compagnie se sont élevés depuis la date ci-dessus jusqu'à ce jour à 692.600 francs.

Comptes liquidés. — Les paiements faits aux employés titulaires de carnets de la caisse de prévoyance, ou à leurs ayants droits, s'élèvent à ce jour à 393.355 francs.

COMPAGNIE D'ASSURANCES GÉNÉRALES
RUE RICHELIEU, PARIS

La compagnie d'Assurances générales fonda le 29 avril 1850 la *Caisse de Prévoyance des employés et gens de service de la compagnie.*

Cette caisse est alimentée par un prélèvement de 5 o/o sur les bénéfices nets de chaque année. Ce fonds de retraite est bonifié d'un intérêt de 4 o/o, payé par la compagnie.

Le prélèvement sur les bénéfices est réparti tous les ans, à tout le personnel, au prorata des traitements respectifs. Chaque employé reçoit un livret personnel où sont inscrits chaque année la part qui lui revient de cette répartition et les intérêts acquis.

Au début, cette caisse n'avait été créée que pour permettre à l'employé de la compagnie de se constituer une rente viagère au bout de vingt-cinq ans de service ou à soixante-cinq ans d'âge. Mais les administrateurs de la compagnie, et entre autres M. de Courcy, ne tardèrent pas à s'apercevoir qu'il y avait là un moyen de constituer un patrimoine, un capital aux employés.

Il fut donc décidé que l'employé, au moment de sa retraite, aurait le choix entre une rente viagère, constituée avec le capital accumulé à son compte personnel, ou le patrimoine sous forme de titres de rente perpétuelle que la compagnie devait conserver jusqu'à la mort de l'employé retraité, dans la crainte que ce capital ne vînt à être dissipé. A la mort du retraité, il était versé à la veuve ou aux ayants droits.

« Ainsi, dit la compagnie, le livret personnel a conduit à perfectionner une institution qui, dans sa forme définitive, n'avait de modèle nulle part, et qui a pu être proposée elle-même comme modèle.

« Son caractère principal est *l'accès au capital*, au patrimoine, ouvert au travail persévérant et fidèle. Le pécule s'amasse au fur et à mesure que le travail continue. La *propriété personnelle* n'est acquise au titulaire du livret qu'après un certain nombre d'années de service. Pourtant, s'il est atteint d'infirmités, s'il est congédié par suppression d'emploi, le montant du livret lui est remis. S'il meurt laissant une veuve, des descendants ou des ascendants, le montant du livret est remis à sa famille.

« Quand le droit à la retraite est acquis, l'employé peut opter, et opte presque toujours, pour le capital de préférence à la pension viagère. Il demeure le plus souvent au service de la compagnie, son pécule continuant de s'accroître. La partie qui en a été liquidée peut être placée en rente perpétuelle en son nom. Lorsqu'il se retire effectivement, tout lui est remis. La compagnie use très rarement de la faculté de conserver les titres déposés dans sa caisse et elle en a éprouvé peu d'inconvénients.

« L'employé se retire donc capitaliste et ayant acquis un patrimoine ».

Grâce à la prospérité presque constante de la Compagnie d'Assurances générales, l'institution a donné des résultats magnifiques ; tel garçon de bureau qui, décédé après quarante ans de service, a laissé à sa veuve 58.000 francs.

Au 31 décembre 1899, depuis 1850, la Compagnie a versé à sa *Caisse de prévoyance* des sommes successives qui se sont montées à . . . . 10.248.686 fr.

Les intérêts à 4 o/o ont été de. . . . 3.861.805

Total. 15.110.491

Les sommes remises aux employés retirés ou à leurs familles se montent à. . 8.502.840

Le solde en caisse au 31 décembre 1899 était de . . . . 6.607.651 fr.

L'institution a même subi l'épreuve de l'adversité. Une des branches de la Compagnie, la Compagnie d'Assurances contre la grêle, a fait de grandes pertes. Les actionnaires lassés ont prononcé la liquidation. Il y avait à congédier un personnel nombreux. La Caisse de prévoyance, amassée pendant les années prospères, a été distribuée aux employés congédiés. Ç'a été pour eux un bienfait, sans qu'il en ait rien coûté à la liquidation. La somme n'était qu'un dépôt.

Les employés qui entrent au service de la Compagnie dans le courant de l'année ne participent pas au bénéfice de l'année courante. Ils ne commencent à participer que pour la première année qu'ils ont passée tout entière au service de la Compagnie, du 1ᵉʳ janvier au 31 décembre.

Les résultats ainsi obtenus ont été très satisfaisants. C'est ainsi qu'un chef de service, entré au service de la Compagnie le 5 janvier 1864, avait un carnet dont l'avoir se montait, au 31 décembre 1899 à 116.148 fr. 95. Un employé, entré à la Compagnie le 1ᵉʳ février 1863, et retraité le 1ᵉʳ janvier 1894 a touché à cette époque un capital de 50.001 fr. 02. Un garçon de bureau, entré à la Compagnie le 12 juillet 1871, a pu toucher au moment de sa retraite, au 31 décembre 1895, une somme de 24.155 fr. Comme il était célibataire, il a affecté ce capital à la constitution d'une rente viagère de 2.174 fr. 40.

Ces chiffres élevés se rencontrent moins aujourd'hui, car le personnel s'est accru considérablement, et les bénéfices n'ont pas augmenté dans la même proportion.

Cette institution de prévoyance, si elle ne constitue pas une forme d'association du capital et du travail, permet l'accession à la propriété, au capital et par là ses effets sont des plus intéressants et des plus efficaces.

Caisse de prévoyance des employés, situation de la caisse au 31 décembre 1899

	Incendie	Marine	Vie	Grêle	Totaux
Sommes attribuées à la caisse de prévoyance sur les bénéfices des inventaires successifs de 1850 au 31 décembre 1899..	5.487.166	974.507	3.422.614	364.399	10.248.686
Intérêts à 4 o/o appliqués à ce compte de 1850 au 31 décembre 1899.	2.788.431	411.262	1.545.299	106.813	4.861.805
Totaux.....	8.285.597	1.385.769	4.967.913	471.212	15.110.491
A déduire : Sommes payées aux employés ou à leurs familles de 1850 au 31 décembre 1899.	4.900.525	1.000.629	2.130.474	471.212	8.502.840
Soldes créditeurs au 31 décembre 1899...	3.385.072	385.140	2.837.439	» »	6.607.651

INSTITUTIONS D'ÉPARGNE

Dans tous les pays, depuis longtemps, bien des patrons ou des compagnies ont songé à encourager l'épargne au moyen de la participation aux bénéfices, sans aller jusqu'à l'association du capital et du travail.

C'est ainsi qu'en 1892, la maison *Muller et Roger*, fonderie de bronze, 168, avenue Philippe-Auguste, à Paris, organisa la participation aux bénéfices, en dehors de la caisse de retraite qui fonctionne également.

Les parts sont versées à la Caisse d'épargne au compte personnel du participant et aucun prélèvement ne peut être fait par le titulaire sur ce dépôt sans l'autorisation du conseil de surveillance qui se compose des deux patrons, comme président et vice-présidents, de trois employés et de quatre contre-maîtres nommés par MM. Muller et Roger et de six ouvriers nommés par les participants.

Lorsque le montant d'un livret dépasse le maximum du dépôt possible à la Caisse d'épargne, c'est-à-dire 2,000 francs, il est transformé en un titre nominatif de rente sur l'Etat. Le titulaire pourra en toucher les intérêts; mais il n'a la libre disposition de son livret qu'après vingt ans de participation ou à soixante ans d'âge.

L'usine Muller et Rogen occupe en moyenne 400 ouvriers; mais ne participent à la répartition des bénéfices que les ouvriers qui sont inscrits à la caisse de retraite. Ils étaient 63 en 1891, 85 en 1895, 113 en 1900, 118 en 1905 et 64 en 1907.

	Nombre de participants	Nombre de parts	Quotité de part	Versements à la Caisse d'épargne
1892	38	383	44	3.740
1893	39	82	54	4.428
1894	53	95	51	4.845
1895	64	103	90	9.270
1896	77	116	130	15.080
1897	98	137	89	12.193
1898	111	158	117	18.486
1899	112	159	135	21.465
1900	107	157	65	10.205
1901	108	156	15	2.340
1902	102	153	50	7.650
1903	98	153 1/2	36	6.526
1904	95	158	53	8.374
1905	90	157	52	8.164
1906	90	166	71	11.786
1907	83	157 1/2	20	3.150
			Total..	146.702

En Allemagne, la *Brasserie Schultheiss* de Berlin, qui occupe environ 2.000 personnes, applique la participation aux bénéfices d'une façon toute particulière. Il existe une Caisse d'épargne à laquelle les ouvriers sont autorisés à déposer 1.000 marks par an, jusqu'à concurrence de 5.000 marks, et qui paie un intérêt de 4 o/o par an. Si le dividende bonifié aux actionnaires dépasse 4 o/o, l'intérêt payé sur les dépôts de la Caisse d'épargne est augmenté dans les mêmes proportions. En 1896-1897, le dividende était de 12 o/o et l'intérêt payé aux ouvriers pour leurs dépôts de 10 o/o. En 1900, le dividende des actionnaires était de 10 o/o et l'intérêt des ouvriers de 14 o/o. La brasserie Schultheiss payait, en 1900, la somme de 144.822.500 marks, au compte de 1.228.418 marcks déposés par 1.338 ouvriers (1).

1. Compte-rendu officiel du V⁰ Congrès de l'alliance coopérative internationale (1902). Rapport de M. Boehmer.

ANNEXES

I

Loi du 21 mars 1884
Sur les Syndicats Professionnels

Article premier. — Sont abrogés la loi du 14-27 juin 1791 et l'article 416 de Code pénal (1).

Les articles 291, 292, 293, 294 du Code pénal (2) et

1. Ces textes étaient ainsi conçus : « Loi des 14-27 juin 1791. — Art. 1er. — L'anéantissement de toutes les espèces de corporations des citoyens du même état et profession étant une des bases fondamentales de la constitution française, il est défendu de les rétablir de fait, sous quelque prétexte et quelque forme que ce soit.

« Art. 2. — Les citoyens d'un même état ou profession, les entrepreneurs, ceux qui ont boutique ouverte, les ouvriers et compagnons d'un art quelconque, ne pourront, lorsqu'ils se trouveront ensemble, se nommer ni présidents, ni secrétaires, ni syndics, tenir des registres, prendre des arrêtés ou délibérations, former des règlements sur leurs prétendus intérêts communs.

« Code pénal. — Art. 416. — Seront punis d'un emprisonnement de six jours à trois mois, et d'une amende de 16 francs à 300 francs, ou de l'une de ces deux peines seulement, tous ouvriers, patrons et entrepreneurs d'ouvrages qui, à l'aide d'amendes, défenses, proscriptions, interdictions prononcées par suite d'un plan concerté, auront porté atteinte au libre exercice de l'industrie ou du travail. »

2. Code pénal. — Art. 291. — Nulle association de plus de vingt personnes dont le but sera de se réunir tous les jours ou à certains jours marqués pour s'occuper d'objets religieux, littéraires, politiques ou autres, ne pourra se former qu'avec l'agrément du gouvernement et sous les conditions qu'il plaira à l'autorité publique d'imposer à la société. — Dans le nombre des personnes, indiqué par le présent article, ne sont pas comprises celles domiciliées dans la maison où l'association se réunit.

Art. 292. — Toute association de la nature ci-dessus exprimée qui se sera formée sans autorisation ou qui, après l'avoir obtenue, aura enfreint les conditions à elle impola loi du 10 avril 1834 (1) ne sont pas applicables aux syndicats professionnels.

ART. 2. — Les syndicats ou associations professionnelles, même de plus de vingt personnes exerçant la même profession, des métiers similaires, ou des professions connexes concourant à l'établissement de produits déterminés, pourront se constituer librement, sans l'autorisation du gouvernement.

ART. 3. — Les syndicats professionnels ont exclusivement pour objet l'étude et la défense des inté-

sées, sera dissoute. — Les chefs, directeurs ou administrateurs de l'association seront en outre punis d'une amende de 16 à 200 francs.

Art. 293. — Si, par discours, exhortations, invocations ou prières, en quelque langue que ce soit, ou par lecture, affiche, publication ou distribution d'écrits quelconques, il a été fait, dans ces assemblées, quelque provocation à des crimes ou à des délits, la peine sera de 100 à 300 fr. d'amende, et de trois mois à deux ans d'emprisonnement contre les chefs, directeurs et administrateurs de ces associations, sans préjudice des peines plus fortes qui seraient portées par la loi contre les individus personnellement coupables de la provocation, lesquels, en aucun cas, ne pourront être punis d'une amende moindre que celle infligée aux chefs, directeurs et administrateurs de l'association.

Art. 294. — Tout individu qui, sans la permission de l'autorité municipale, aura accordé ou consenti l'usage de sa maison ou de son appartement, en tout ou en partie, pour la réunion des membres d'une association même autorisée, ou pour l'exercice d'un culte, sera puni d'une amende de 13 à 200 francs.

2. LOI DU 10 AVRIL 1834. — Art. 1ᵉʳ. — Les dispositions de l'article 291 du Code pénal sont applicables aux associations de plus de vingt personnes, alors même que ces associations seraient partagées en sections d'un nombre moindre et qu'elles ne se réuniraient pas tous les jours, ou à des jours marqués. L'autorisation donnée par le gouvernement est toujours révocable.

rêts économiques, industriels, commerciaux et agricoles.

ART. 4. — Les fondateurs de tout syndicat professionnel devront déposer les statuts et les noms de ceux qui, à un titre quelconque, seront chargés de l'administration ou de la direction.

Ce dépôt aura lieu à la mairie de la localité où le syndicat est établi, et à Paris, à la préfecture de la Seine.

Ce dépôt sera renouvelé à chaque changement de la direction ou des statuts.

Communications des statuts devra être donnée par le maire ou le préfet de la Seine au procureur de la République.

Les membres de tout syndicat professionnel chargés de l'administration ou de la direction de ce syndicat, devront être Français et jouir de leurs droits civils.

ART. 5. — Les syndicats professionnels régulièrement constitués, d'après les descriptions de la présente loi, pourront librement se concerter pour l'étude et la défense de leurs intérêts économiques, industriels, commerciaux et agricoles.

Ces unions devront faire connaître, conformément au deuxième paragraphe de l'article 4, les noms des syndicats qui les composent.

Elles ne pourront posséder aucun immeuble, ni ester en justice.

Art. 6. — Les syndicats professionnels de patrons ou d'ouvriers auront le droit d'ester en justice (1).

Ils pourront employer les sommes provenant de cotisations.

Toutefois ils ne pourront acquérir d'autres immeubles que ceux qui seront nécessaires à leurs réunions, à leurs bibliothèques et à des cours d'instruction professionnelle.

Ils pourront sans autorisation, mais en se conformant aux autres dispositions de la loi, constituer entre leurs membres des caisses spéciales de secours mutuels et de retraites.

Ils pourront librement créer et administrer des offices de renseignements pour les offres et demandes de travail.

Ils pourront être consultés sur tous les différends et toutes les questions se rattachant à leur spécialité.

Dans les affaires contentieuses, les avis du syndicat seront tenus à la disposition des parties qui pourront en prendre communication et copie.

Art. 7. — Tout membre d'un syndicat professionnel peut se retirer à tout instant de l'association,

1. Le bénéfice de la loi du 22 janvier 1851 sur l'assistance judiciaire ne peut être réclamée que par les personnes privées indigentes et non par les personnes morales comme une commune ou une société. (Décision du Garde des Sceaux du 15 février 1861.)

nonobstant toute clause contraire, mais sans préjudice du droit pour le syndicat de réclamer la cotisation de l'année courante.

Toute personne qui se retire d'un syndicat conserve le droit d'être membre des sociétés de Secours mutuels et de pensions de retraite pour la vieillesse à l'actif desquelles elle a contribué par des cotisations ou versements de fonds.

ART. 8. — Lorsque les biens auront été acquis contrairement aux dispositions de l'article 6, la nullité de l'acquisition ou de la libéralité pourra être demandée par le procureur de la République ou par les intéressés. Dans le cas d'acquisition à titre onéreux, les immeubles seront vendus, et le prix en sera déposé à la caisse de l'association.

Dans le cas de libéralité, les biens feront retour aux disposants ou à leurs héritiers ou ayants cause.

ART. 9. — Les infractions aux dispositions des articles 2, 3, 4, 5 et 6 de la présente loi seront poursuivies contre les directeurs ou administrateurs des syndicats et punies d'une amende de 16 à 200 francs. Les tribunaux pourront, en outre, à la diligence du procureux de la République, prononcer la dissolution du syndicat et la nullité des acquisitions d'immeubles faites en violation des dispositions de l'article 6.

Au cas de fausse déclaration relative aux statuts et aux noms et qualités des administrateurs ou divecteurs, l'amende pourra être portée à 500 francs.

ART. 10. — La présente loi est applicable à l'Algérie.

Elle est également applicable aux colonies de la Martinique, de la Guadeloupe et de la Réunion. Toutefois, les travailleurs étrangers et engagés sous le nom d'*immigrants* ne pourront faire partie des syndicats.

II

PROPOSITION DE LOI SUR LA PARTICIPATION AUX BÉNÉFICES

Au mois de novembre 1909, M. Tournade, député de Paris, a déposé un projet de loi sur la participation aux bénéfices. A titre de document nous en donnons le texte, en même temps que la série de calculs établis par l'auteur du projet pour fixer le taux de la participation.

PROPOSITION DE LOI

Article premier. — Tout commerçant, industriel ou agriculteur, toute société commerciale, industrielle ou agricole, salariant des employés ou ouvriers, est tenu de faire participer son personnel aux bénéfices nets de l'entreprise dans la proportion et les conditions énumérées à l'article 2.

Art. 2. — Une part de 10 o/o des bénéfices nets, après le prélèvement nécessaire à la rémunération du capital, est réservée pour être attribuée au personnel ayant au minimum trois ans de service effectifs dans l'entreprise.

Art. 3. — La part de chaque participant dans les bénéfices sera déterminée par autant d'annuités qu'il aura de fois trois ans de services actifs.

Art. 4. — Le participant devra opter en entrant pour l'un des quatre systèmes suivants :

1° Toucher sa participation en espèces dans les deux mois qui suivent l'inventaire annuel ;

2° Réserver le montant de ses participations pour être converties en rentes viagères ;

3° Réserver ses participations pour être transformées en une assurance sur la vie à soixante ans d'âge ou vingt ans de services dans la même entreprise ;

4° Suivant le cas, convertir ses participations en part de capital ;

Le participant qui aura opté pour les trois dernières combinaisons ne pourra changer cette combinaison en cours de contrat.

Art. 5. — Un comité de contrôle et de répartition est institué dans chaque entreprise commerciale, industrielle ou agricole.

Il est composé du patron (directeur ou administrateur), des deux plus anciens employés et des deux plus anciens ouvriers.

Ses fonctions sont gratuites.

Il établit chaque année au 31 décembre, la liste des ayants droit à la participation aux bénéfices avec le nombre d'annuités à attribuer à chacun d'eux, conformément aux prescriptions de l'article 3, et assure que les versements relatifs aux combinaisons 2, 3 et 4 de l'article 4 ont été régulièrement observés.

Dans les exploitations de faible importance, le patron et un représentant du personnel sont chargés des opérations ci-dessus.

Art. 6. — Un décret d'administration publique stipulera les établissements ou compagnies d'assurances qui seront autorisés à servir les rentes viagères ou assurances visées par l'article 4.

Le même décret en stipulera les conditions.

TABLEAU N° 1

Exemple d'une entreprise ayant réalisé, toutes charges déduites, 100.000 francs de bénéfices nets.

Le personnel se compose de 15 employés et 40 ouvriers.

Part de bénéfices à répartir : 10 0/0 sur 100.000 francs, soit 10.000 francs.

1° Dix employés sur 15 ayant plus de trois ans de services.

```
     ( 2 employés ont 20 ans de services, à 6 annuités par employé = 12 annuité
10  <  3      —        9        —        3        —                  =  9  —
     |  3      —        6        —        2        —                  =  6  —
     ( 2      —        3        —        1        —                  =  2  —
```

2° 26 ouvriers sur 40 ayant plus de trois ans de services.

```
     ( 7 ouvriers ont 12 ans de services, 4 annuités par ouvrier = 28 annuité
26  <  6      —        8        —        2        —               = 12  —
     |  2      —        5        —        1        —               =  2  —
     ( 11     —        3        —        1        —               = 11  =
                                                               ________________
                                                                 82 annuité
```

Soit donc 10.000 francs à repartir en 82 annuités.

L'annuité sera de : $\dfrac{10.000}{82} = 121$ fr. 95.

TABLEAU N° 2

Exemple d'une entreprise ayant réalisé, toutes charges déduites, 40.000 francs de bénéfices nets.

Le personnel se compose de 6 employés et 20 ouvriers,
dont 4 employés ayant plus de trois ans de services et
12 ouvriers ayant plus de trois ans de services.

Part de bénéfices à répartir : 10 o/o sur 40.000 francs
soit 4.000 francs.

Employés :

1 employé a 19 ans de services, soit....................	6 annuités
2 — ont 13 ans de services, à 4 annuités par employé = 8 —
1 — a 4 ans de services, soit....................	1 —

Ouvriers :

3 ouvriers ont 18 ans de services, à 6 annuités par ouvrier = 18 annuités
2 — 10 — 3 — = 6 —
2 — 6 — 2 — = 4 —
5 — 3 — 1 — = 5 —
	48 annuités

Soit 4.000 francs à répartir en 48 annuités.

L'annuité sera de : $\dfrac{4.000}{48}$ = 83 fr. 35.

TABLEAU N° 3

Exemple d'une entreprise ayant réalisé, toutes charges déduites, 15.000 francs de bénéfices nets.

Le personnel se compose de 3 employés et de 10 ouvriers.

Part de bénéfices à répartir : 10 o/o sur 15.000 francs,
soit 1.500 francs.

Employés :

Czulowski

```
     ( 1 employé ayant 22 ans de services, à 7 annuités. . . . . = 7 annuités
  3  { 1 =            7                   =   5        =  . . . . = 6
     ( 1 =            8                   =   2        =  . . . . = 2

           7 ouvriers ayant plus de 3 ans de services :

     ( 1 ouvrier ayant 19 ans de services, à 6 annuités. . . . . = 6
  7  { 2 =            13                  =   4        =  . . . . = 8
     { 2 =            7                   =   2        =  . . . . = 4
     ( 2 =            3                   =   1        =  . . . . = 2
                                                                  ____________
                                                                  34 annuités
```

Soit 1.500 francs à répartir en 34 annuités.

L'annuité sera de : $\dfrac{1.500}{34} = 44$ fr. 10.

L'auteur du projet pour établir ces calculs a pensé qu'il suffirait de couper en tranches de trois années les services d'un employé ou d'un ouvrier pour l'intéresser au prorata de son ancienneté dans l'entreprise.

III

VŒU CONCERNANT LA PARTICIPATION AU CAPITAL,

ADOPTÉ AU CONGRÈS DES JAUNES, OCTOBRE 1909

Le Congrès des Jaunes,

Considérant que la civilisation et le progrès sont liés au développement de la propriété individuelle qui seule assure à l'homme la liberté ;

Que la concentration des capitaux et le machinisme, en créant le salariat, ont accentué le déséquilibre existant entre ceux qui possèdent et les prolétaires dépossédés ;

Que la justice sociale doit être cherchée dans les moyens de faciliter au prolétaire la conquête du capital et de la propriété et non dans le régime primitif et avilissant du socialisme communiste ou collectiviste ;

Considérant, en outre, que le salariat en maintenant le travailleur dans la situation de dépossédé provoque une inégalité qui facilite les conflits de travail ;

Que le salaire ordinaire ne constitue pas, dans le travail moderne, la rémunération équitable du travail, surtout s'il résulte d'un contrat de louage à la journée ;

Que les trois facteurs de la production : capital, travail et intelligence directrice doivent participer aux résultats de l'entreprise à laquelle ils ont collaboré, mais que cette participation serait une injustice si le facteur travail n'avait pas en même temps une part dans la responsabilité de l'entreprise, comme le facteur capital ;

Que la participation des travailleurs tant au capital d'une entreprise qu'à sa direction et à son administration sera une source féconde de richesses et provoquera une transformation complète du sort du travailleur salarié en élevant sa condition morale et matérielle ;

Que la législation actuelle sur les sociétés anonymes ne permet pas aux travailleurs, en raison du peu de capital dont ils disposent de participer à la fondation de ces sociétés, quoique le régime de l'anonymat ait déjà favorisé le morcellement de la richesse ;

Emet le vœu :

Que la loi sur les sociétés anonymes soit modifiée de nçon à permettre en toutes circonstances l'émission d'actions de 25 francs.

Qu'en tout cas la loi oblige toute société en formation

à diviser une partie de son capital — au moins le cinquième — en coupures de 25 francs qui seront offertes au personnel de l'entreprise, si la société fait suite à une entreprise privée, ou souscrites par le conseil d'administration pour être cédées au personnel de la Société quand celle-ci sera constituée et si les ouvriers ou employés en font la demande ; ces actions ouvrières seront nominatives et ne pourront être cédées ou transférées que suivant des règles prévues statutairement ; elles seront insaisissables jusqu'à une somme à déterminer.

Toute société pourra aussi émettre des obligations ayant les mêmes caractères.

TABLE DES MATIÈRES

PREMIÈRE PARTIE

DEUXIÈME PARTIE

Imp. Jouve et Cie, 15, rue Racine, Paris.

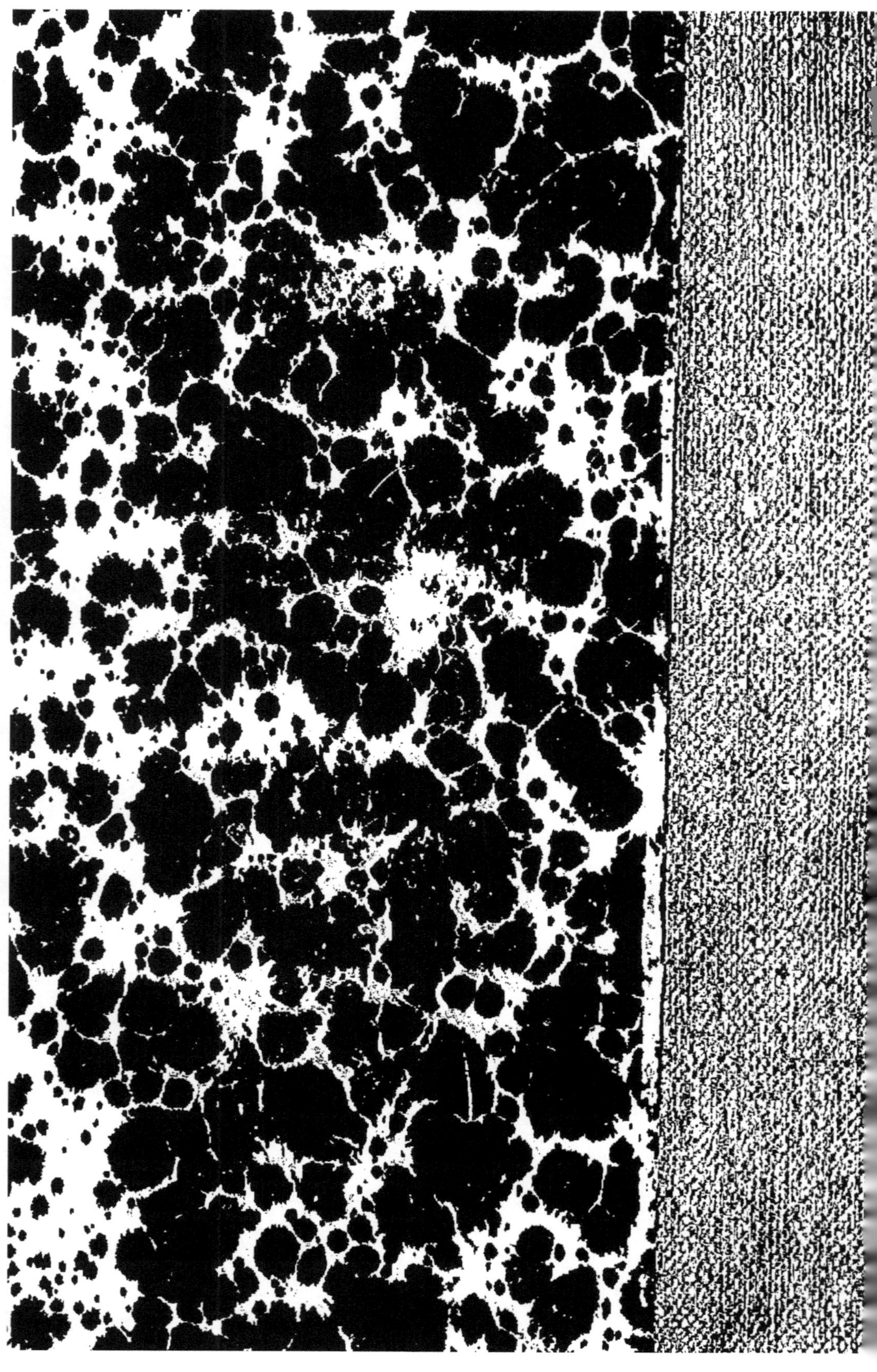

9 782013 549363